大展好書　好書大展
品嘗好書・冠群可期

武術特輯 162

樂傳太極與行功

樂匋｜原著

鍾海明、馬若愚｜編著

大展出版社有限公司

值此樂甸先生逝世 10 週年之際
謹以此書紀念先生 90 週年誕辰

樂幻智先生之上師——太師母王理平夫人

樂傳太極緣起——樂幻智先生

本書作者——樂匋先生

序

　　前些時，我友鍾海明先生送來乃師樂匋先生（以下簡稱樂公）遺著《樂傳太極與行功》書稿一部，囑我為序，雖力辭而不能，只好勉為之，遂將讀後感略記如下。

　　據鍾海明先生介紹，樂公家學淵源，自幼慧根靈異，文武兼修。少習孔孟儒學，及長參修佛典，進而奉讀老莊，理通三家，尤精武學（楊式太極拳和武式太極拳），並以武貫道。經多年雨洗風磨，精研不輟，乃有今日之清名德望、璨然成就。

　　拜讀罷樂公大作，我便仔細揣摩樂公所行文武之道的軌跡。久之，不禁使我聯想到一位舉世敬仰的偉大先哲——王陽明。

　　王氏在融通了佛、道、儒三家的思想精要後，便以自己的曠世之才、濟世之學，將三家的文化爐錘於一體，創成「心學」，給人類社會規劃出一條「知行合一」的良知之路。它指導民眾啟迪心智，培養尊嚴，樹立人格，鼎革社會。踐行中，受到了上至君主、達官政要、學者名流，下至士、農、工、商各階層人士的崇敬，甚至頂禮膜拜。我想說，在樂公的文稿中，我竟然嗅出了「陽明學」的氣息。思索

間，似覺莊周所夢之蝶，佛祖所占之花，種種妙義，依稀俱在。我想，這些玄機也許正是樂公引領從學者同參共悟的依託吧。

樂公是否研習過「陽明學」，我不得而知，但在他的遺著中所論述的、所踐行的內容，卻多與「陰陽學」的法度十分相近。愚以為，沒有深厚學養，沒有經久深思，沒有多年踐行功底的人，是絕難完成樂公所著的。這些條件，樂公是具備的，因為他有智慧。這或許就是我在讀過樂公書稿後，對其蕭然起敬的原因吧。

應該說，樂公在把握應用「三家」的理念時，表現得極為完美。例如，在樂傳太極八勢對應爻象八卦的行功中，樂公以他自己開啟的方便法門，指導從學者如何在種種運動中，尋找動態平衡，以期達到生生不已之動的大徹海內。

樂公操琴，師出當代京胡大師王瑞芝先生。王先生兼京劇界泰斗余叔岩先生之琴師，其二人的合作，純係珠聯璧合，調理陰陽之感。琴耶？人耶？渾然一體，身即琴，琴即身，隨意馳騁，如白馬入蘆，銀碗盛雪，無跡可尋。造化之功，大師之道，心指朗月。

余叔岩先生的高足李少春大師，曾親口對筆者說，余先生的戲非王瑞芝托（伴奏）不可，否則余先生說張不開嘴，沒法唱。可見，王瑞芝的藝術境界，不可小覷。

或許因緣所致，樂公於操琴一技，福至心靈，晨為不輟，以至學成後與乃師難分軒輊。但術業有專攻，樂公終生不曾下海（成為專業琴師），每以票友身分應場，上台來，琴響意到，滿堂喝采，其藝可知。我想，胡琴之於樂

公，除抒情、言志外，多表現為超凡的空靈。我想，像樂公這樣一位慧根靈異、禪風禪骨的智者，當他握琴鳴弦的時候，一定會有提挈天地的境界。

書中所述行功，且不說創意非凡，僅其中飽含的「仁愛」「悲憫」之心，就當令人歎服，非目光遠距的大德者絕難為之。

據書稿載，從學者中，曾有人由於體能所限，不堪習拳。樂公遂建議其跟自己學操琴（京胡），並說明，「問道於琴」同樣能陶靈活性，修正人心。與練拳一樣，殊途同歸，皆成正果。樂公真可謂傾其智慧自度度他的菩薩。

樂公曾從來處來，而今已回去處去。我雖然與樂公緣慳一面，但是我從樂公大作中找到了智慧、仁愛和悲憫！

謹為序。

許福同[1]
於散朗軒

---

[1] 許福同，中國現代書畫學會副會長，著名史學家、武學家。

前言

本書所述樂傳太極緣起於樂奐之（1899—1960 年，字幻智）先生。將該拳稱為「樂傳太極」，並非因為樂老先生「自創新奇」和自立門戶，而純粹只是為了稱謂上的一種方便，或可稱之為一種修行的方便法門。

樂傳太極在拳法、拳理及形態上均嚴格遵循了楊式太極和李傳太極（指李香遠先生所傳武禹襄的武式太極拳）的拳脈傳承，在傳統文化修養方面融通佛、道、儒三家，以禪宗為核心心法，以太極拳為修身手段，以儒學為處世準則。

20 世紀，樂老先生在上海頗有傳奇之經歷，曾被民國《鐵報》譽為「海上一奇人」。他與社會各界交往甚篤，在 20 世紀四五十年代上海的教育界和文化界有不少學生和弟子，其中不乏名人雅士。然而，從學者雖眾，卻基本是由太極拳入手修習佛學，與武術界交往甚少，故而在當今北方很少有人瞭解。

我們瞭解和學習樂傳太極則是緣於本書主要作者樂匋（1928—2007 年，號鍾呂）先生。樂公（樂匋先生生前，大家都習慣親切地稱他這位總工程師為「樂工」）並未將其家傳

稱為「樂傳」，更是很少提及樂老先生早年的傳奇人生。

樂公秉承其父之風，一生清靜，大隱於市，無為中有為，細微之處見大成，雖未顯現成就功名，未公開著書立說，卻恩濟無數後學晚輩。

因樂公愛好音律，故其父賜號「鍾呂」，黃鍾大呂，又契合正大莊嚴之意。樂公生於民國亂世，幼年避日寇於皖，1951 年畢業於上海大同大學電機系，1960 年參與創建電子部的電視電聲研究所，一生致力於電視電聲事業，成果斐然，同時精於京胡和拳藝，並賦道於拳琴之中。

樂公家傳道統、拳術，修拳 70 年不輟，於太極拳頗有創益心得，承上啟下，作《太極每式八勢印合八卦演序表》，寓八卦爻象、五行、經脈、四季演化於拳術動作之中，合為擎、攦、黏、引、鬆、開、發、放八勢，以對應離、坤、兌、乾、坎、艮、震、巽八卦爻象。每勢均明確拳式練法、練拳要點及拳形部位。此表的修成，以太極拳為載體，熔中華文化核心體系中的五行、八卦及中華醫學的十四經脈於一爐，使太極拳術理論趨於完美，文武續通而臻於大成境界。

樂公精於京胡，學藝於胡琴名師王瑞芝，盡得其真傳，喻道於琴藝之中，所奏曲目謂之為「心聲」。曾於1997 年安貞琴友集會中以一曲《問樵鬧府》震天動地，曲至二黃原板最後高潮段落，於諸琴友大聲喝采中，轟然天雷震落，甘霖數點。

樂公著述頗多，於拳道修習途徑有完整的記錄，卻均未見於揚表。其中《人體之陰陽相濟》一文可謂集大成者。公修學一生，合佛、道、儒之精髓於拳術、琴藝之

中，統虛無心法於實理，以一生之實修積累，示後世學子以明確修習門徑，善莫大焉，功莫大焉。

與樂公相伴 25 載，其拳禪合一、禪琴如一，由術藝而入道的修行，對我們影響頗深，也使我們受益匪淺，深感各門技藝之間都是相通的。看似毫不搭界的拳與琴、科技與文化，其實都有共同的修行門徑，均可由術而藝，由藝而感悟其「道」。

樂公傳道授業數十載，卻無從查詢任何有關他的記載，乃至連一段練拳的視頻資料也未曾留下。2007 年 10 月樂公駕鶴西去，真如《禮記》所寫：「泰山其頹乎，樑木其壞乎，哲人其萎乎！」公一生貢獻斐然，卻安貧樂道，心繫他人，恩澤周邊，示善固執，不求名利，生活極其簡樸，簞食瓢飲而如如自得。

師澤恩重，今年正值樂匋先生去世 10 週年，秉承先師恩濟眾生之願，將恩師多年的手稿及所傳太極拳做一梳理，彙編成冊，以利後學晚輩交流與傳承。為使初習者更好地讀懂這些原著，同時找到入門的門徑，故將本書分為五編。

本書以樂匋先生原著為主體，彙集了樂傳太極兩代三位代表性傳人的部分經典拳論及書稿。有關拳理拳法的修習，諸位先輩已有非常系統而全面的論述，故秉承對經典不做解釋、多讀原著的原則，自悟其中之理。

全篇文稿未做任何文字修改和釋義，均係原汁原味。文後僅對個別背景及涉及的人物做簡單的標註和說明。然而，這些拳論仍以拳理、心法的內容為多，對於初習者，可能讀起來還是會感覺缺少一種直觀的修學門徑。為此，

我們編寫了第一編，以樂傳太極的介紹及行功的練習作為修學入門的基礎。其中，以太極行功作為實修載體，以八勢作為敲門磚，分層修習，從而有助於習練者在較短的時間裡，初步掌握和感受太極拳之精華所在。此外，歷代授拳皆講究口傳心授，以身示範，編著者無奈獻拙，留有相關實作視頻謹供初習者參考，希望能借此讓更多的人瞭解樂傳太極最系統、最真實的一面，在學習和實踐中體悟太極拳之真諦。

鍾海明　馬若愚

目錄

第一篇

太極行功

樂傳太極拳概要

■ 太極拳的由來

有關太極拳的源起，民間流傳的說法是武當道士張三豐所創。太極拳源遠流長、門派林立，但張三豐以後的太極拳史，難以找到連續、詳細、系統的記載。

總體而言，有記載的太極拳經六百餘年薪火相傳，在歷史上主要有南派和北派之分。即：

張三豐→王宗→陳州同→孫十三老→張松溪，張松溪開創太極拳南派；

張三豐→劉古泉（雲遊道人）→王宗岳→蔣發，蔣發開創太極拳北派，分別傳給溫縣陳家溝的陳長興及趙堡鎮的邢喜懷。

南派保存張三豐的拳經較少，張三豐的原式拳法得到加工，形成松溪派的體系。

北派保存張三豐和早期傳人王宗岳的拳經較多，拳法形式與張三豐原式相去不遠。

張三豐作為太極拳祖師，創拳後雲遊天下多年，足跡遍及大江南北。但由於道教擇徒與傳承均十分慎重和祕密，俗稱「道不傳六耳」，且授徒往往為單傳，所以，在明朝，太極拳的發展比較緩慢。

直到張松溪和蔣發將其傳入民間，太極拳才得到較快的發展，相繼出現了南派和北派兩大體系。

而近代太極拳，主要是由王宗岳傳蔣發而連續繼承下

來的。蔣發傳給溫縣陳家溝的陳長興及趙堡鎮的邢喜懷，陳長興傳楊露禪，此後發展為陳、楊、吳、武、李、孫、趙堡架等諸多太極流派。

在太極拳發展過程中，除了南北兩大派系，還出現過其他流派。這些流派或在南北交叉承傳，或在家族內部承傳，對太極拳的發展均做出過一定的貢獻。

太極拳的源流問題雖然一直存有各種爭議，但其傳承與發展脈絡基本清晰，在此不做詳盡探討。

■ 太極拳的內在理念與價值

天人合一

太極拳不同於其他拳種，可稱之為「哲拳」，它是在中華傳統文化的豐厚土壤上總結歸納出來的，是中華傳統文化所推崇的「浩然正氣」在現實中的具體體現。太極拳是按照傳統文化對地球自然生態和天體運動的認知而創建的，認為人應該傚法天地自然。所謂「人法地，地法天，天法自然」，人可以感應到天地自然的運行，大宇宙的變化可以影響人體這個「小宇宙」，而從人體自身到人類社會的變化都應當符合大自然的運行規律。人的最佳狀態是「從心所欲不踰矩」，即符合天地自然的運行原理，與天地合頻，合而為一，即天人合一。

太極拳這種形神兼備、動靜有度、養練結合的運動形式非常適合現代人。一方面，它符合中華民族內斂的性格；另一方面，它入門容易，演練易行，場所易選，並且

不受季節氣候及習練者年齡性別的限制。

太極拳給現代人以回歸自然之感，具有放鬆身心、增進健康、延年益壽的作用。因其承載了中華優秀傳統文化的諸多核心理念，可以成為學習和傳播中華文化的良好載體，透過肢體動作充分地表現出來。

有益身體

演練太極拳，初級階段講求動作的聯貫合理，中級階段講究一種連綿不斷的勁力，高級階段則注重心神意念的聯貫，所謂藕斷絲連，勁斷意不斷，斷而復連、頓而後隨。勁力階段是太極拳中最重要的階段，需要耗費相當長一段時間才能逐漸掌握，所謂由招熟而漸悟懂勁，由懂勁而階及神明。

太極拳是動中生靜，是彼動我應，而我為主，是後發先至而不忙亂，是無為而無所虧欠。其基本動作依功用的不同可分為掤、捋、擠、按、採、挒、肘、靠，稱之為八門（八卦）；其步法因方位不同而分為進、退、顧、盼、定（向左為顧，向右為盼），稱之為五步（五行）；八門、五步合稱為十三勢。

拳經云：腳之所在是中央之土，八門五步以中央為準。其運動時，或螺旋上升，或螺旋下降；或旋轉而前進，或旋轉而後退，持續流暢，無始無終。

太極拳是意、氣、形的整體運動，既練意又練氣，既練神又練形，意氣相隨。古人云「意為氣頭，氣隨意行」，便是充分發揮大腦對生命過程中動態變化的控制作用，強透過意識指揮下的精微的肌肉運動，對人體經絡產

生刺激而使體內的氣血調動、聚集、充實起來，以達到氣緩血穩、氣足血充的狀態。這樣，人體的各種生理功能可以得到充分調節，各種蛋白酶功能、消化腺分泌正常，從而增進健康。尤其要注意的是「在意不在氣，在氣則滯；有氣者無力，無氣者純剛」，也就是練形、練意，不練氣。但是，此之「不練氣」是明而不練，不是不明，正所謂「知雄守雌」。

淨化心靈

太極拳在演練時，要求首先進入「放鬆入定靜」的心理狀態，把紛雜連綿的思緒發散開來，想無可想，從而進入似有似無的舒適、寧靜的境界。此時，外界傳入神經中樞的訊息大大減少，習練者處於「空洞無我」的狀態，使思維活動減少到最低限度，意識卻處於高度清醒的入靜狀態。

現代醫學證明，當人們打太極拳時，經絡週期節律減弱，波峰和波谷差值縮小，振幅增高。此時太極以意氣引導動勢，如行雲流水一般，處於一種動靜間的臨界狀態。

■ 樂傳太極拳拳脈與傳承

樂傳太極拳始於樂奐之（1899—1960 年），字幻智，係河南固始人。於復旦大學畢業後，曾在浙江大學教授英文 2 年，後定居上海，在震旦大學與震旦附中（現稱光明中學）教授國文十餘年。20 世紀 40 年代，榮德生先生（榮毅仁先生之父）創辦江南大學，曾邀請樂幻智為常

務副校長。

樂幻智先生鄉俗尚武，自幼於儒學詩文之外，更習武藝。20 世紀 30 年代初在盧山遇楊澄甫（1883—1936 年）弟子董英傑（1897—1961 年）先生。當時董先生尚無籍名，樂先生崇其術、慕其技，不尚虛聲，遂拜師求藝，專心師從董英傑先生學習楊式太極拳和李傳太極拳（指李香遠先生所傳的武式太極拳）。

返滬後又由董英傑先生引薦得楊澄甫老先生指點。後董先生遷移南洋，未復歸國，先生則習練益精、終生不輟，在上海形成經由樂幻智、董世祚、樂匋、樂亶等傳習的一脈太極拳。

樂先生於 1941 年在杭州皈依佛門，師從王理平夫人學習佛法，執弟子禮事之。經王太師母加持，先生將練拳作為一種修佛的法門，自那時起便將畢生精力投入該法門的傳授。

先生於佛法精進之時，其拳術亦登峰造極。是以世人有說其揉佛家瑜伽於太極拳，先生則屢對人說：「吾拳純承師授，未敢自摻新奇。」

人問太極拳自何時開始，先生說：「自有堯舜禹湯文武周公，就有此拳之勁。」

或問拳經以何為好？先生必令讀《孟子》之養氣篇，說：「盡在此處。」

先生說：「我少習孔孟之學，長而讀釋典，於是知不通三藏，不能徹曉、詳析儒學，蓋因詞類不夠。學儒應當驗證於心，訓詁之學為其次。」

樂幻智先生畢生精研佛學、道學、儒學，進而形成獨

特的以佛法修心，以道家之太極拳為修身實踐之門，以通達權變之儒學為應世手段的「樂傳太極」，從而為樂傳太極拳奠定基礎。

樂幻智先生在上海曾被民國《鐵報》譽為「海上一奇人」，其從學者秉性各異，有的偏好佛法，有的致力於武術，而法門要考慮方便和對機，由此大致演變出側重練拳修法和側重主攻推手技擊的兩個學生群，繼而傳至海內外。前一組主要由樂幻智次子樂亶，弟子陳樂、謝榮康、顧梅聖、顧芳濟等研習教授；後一組則經由樂幻智師弟董世祚①，學生董斌、姚宗鼎等切磋傳播。

樂幻智先生有二子，長子樂匋（1928—2007 年），次子樂亶（1931—1981 年）。

樂亶先生出道頗早，武功、佛道、儒法均極有成就。香港萬里書店曾出版過樂亶先生著的《太極拳要義》，另著有《太極拳之大概》《太極一得》《太極本末》《太極經解》《太極內外篇》等，卻均未公開發表。

樂匋先生自 1957 年起在北京工作，一生從事科研與管理工作，係中國廣播電視領域的著名專家學者。自幼愛好音律，故其父賜號「鍾呂」，黃鍾大呂，契合正大莊嚴之意。樂匋曾跟隨京劇名家余叔岩的琴師王瑞芝先生學習京胡多年，在拳學上則從師統承其父及其父師弟董世祚先生之嫡傳。故而於拳藝之外又精於京胡，並賦道於拳琴之中。

---

① 董世祚：自幼學習家傳武藝，練有金鐘罩鐵布衫之功，曾隨董英傑練習太極拳。董英傑離滬後，即跟隨師兄樂幻智習拳。

《楞嚴經》說：「此方真教體，清淨在音聞，欲取三摩提，實以聞中入。」樂匋先生在北京的弟子分為練拳和拉琴兩個群體，時常一起交流切磋拳琴之道。

樂匋先生曾對因身體情況難以承受練拳運動量的朋友和學生說，你們只要練琴就可以了。這即是根據不同對象所做的靈活調整。

樂匋先生係樂傳太極傑出的代表性傳人，其所授樂傳太極拳，佛理、練拳、推手並重，並保持樂傳太極拳的原貌。勤練拳架是轉身識的方法，推手對抗是修證意識和下意識的手段，明理成道是修練的最終目的。跟從樂匋先生學拳，從佛理之參修、實踐到蓄勁發力均要有所涉及。

樂傳太極可稱為一種修學法門。

太極行功概述

■ 太極行功的緣起

　　關於太極行功，自古流傳有多種不同說法和練法，其中就有一些養生功法的行功。例如，由太極拳家李亦畬先生傳錄的《太極行功歌》中的太極拳歌訣，實則是已經有上千年歷史的「六字訣①」。全篇含七言歌訣 60 句，依拳式次第排列，主要講述練法與連接，當是其時套路的記錄形式之一。

> 春噓明目木滋肝，夏至呵心火自閒。
> 秋呬定知金肺潤，冬吹唯要坎中安。
> 三焦嘻卻除煩熱，四季長呼脾化食。
> 切忌出聲聞口耳，其功尤勝保命丹。
> 心呵頂上連叉手，肝若噓時目睜睛。
> 腎吹抱取膝頭平，肺病呬氣手雙擎。
> 脾病呼時須撮口，三焦客熱臥嘻嘻。

　　以上均是道家先輩對修身養心功法理解感悟的總結。
　　然而，歷史上真正與太極拳行功相關的論述，當屬王宗岳的《十三勢行功歌訣》。

---

① 六字訣：在明代著名眼科專著《審視瑤函》中就有關於「動功六字訣」的詳盡描述。

十三總勢莫輕識，命意源頭在腰際；

變轉虛實須留意，氣遍身軀不稍滯。

靜中蓄動動猶靜，因敵變化示神奇；

勢勢存心揆用意，得來不覺費功夫。

刻刻留心在腰間，腹內鬆淨氣騰然；

尾閭中正神貫頂，滿身輕利頂頭懸。

仔細留心向推求，屈伸開合聽自由；

入門引路須口授，功用無息法自修。

若言體用何為準？意氣君來骨肉臣；

詳推用意終何在？益壽延年不老春。

歌兮歌兮百四十，字字真切義無疑；

若不向此推求去，枉費工夫貽嘆息。

　　該行功歌訣是王宗岳對太極拳修練要領做出的精闢論述，其重要性和價值等同於他的《太極拳論》。

　　其實，在傳統武術中流傳的「行功」種類更是五花八門。各門各派往往會將許多基本功法、散手的單式練習的方法均列為「行功」範疇。

　　例如，形意拳中的「五行拳」「十二形」，戳腳翻子拳中的「岳氏十八散手」等。由於「行功」具有形式簡單、實用、見效快的特點，故而許多拳種門派內部往往將「行功」作為閉門練功的途徑。

　　太極拳傳統套路的動作名稱多而複雜，少則四五十個動作，多則一百多式。儘管經過歷代改編、簡化，但是在初習者看來，常還是一頭霧水。既要記動作、記步法，還要記方向以及每個動作之間的銜接等。練了三五年，可能

還只是停留在記套路的階段，根本無法觸摸和體會太極拳的精髓。而且，初習時如有間斷，很容易忘記，以致無法堅持。

如何才能讓廣大的太極拳愛好者免除眾多困擾，在較短的時間內基本掌握太極拳的核心要領？本套太極行功正是為此而精心創編的。

這套簡捷的太極行功的習練法可以使每一位習練者充分體會和驗證《十三勢行功歌訣》所講述的諸多核心拳理。初習者經過 3 個階段不同層次的訓練，通常在 3 至 5 個月即可初步掌握和體悟太極拳的核心要領與精髓。

■ 樂傳太極行功釋義

行功，換言之就是練拳。樂傳太極行功，從狹義上來說就是一套習練太極拳的功法，是一條幫助習練者快速掌握太極拳要領的路徑。

行功，從廣義上來說，就是在行動上下工夫。中國傳統文化經典中說到的那些名句，都可以一條一條地練到身上。樂匋先生曾說過：「真正的中國學問是實踐的學問，自己會了、練到身上了，才可以去說，也才會去說。」

孔子說「學而時習之」，這裡的「習」就是練習、修習，就是去實踐，不能只當作溫習。

《大學》有：「大學之道，在明明德，在親民，在止於至善。」「親民」就是實踐的學問，就是不脫離實際，學以致用。格物、致知、修身、齊家、治國、平天下，一人善謂之足，一家善謂之有餘，一里善謂之廣，兼善天下

謂之普，所有這些都要求不脫離實際地做學問。

關於樂傳太極拳，樂幻智先生曾說他未敢改動傳下來的太極拳，蓋因太極拳從理論到實踐都近於完美，不用做什麼修正。但樂傳太極拳有所不同的是，樂老先生把傳自先師董英傑的太極拳完整地融合進中國文化的體系中。以禪法為核心，以道家的太極拳為修身方法，以儒學為入世手段。

南懷瑾先生曾說，印度的瑜伽只保留了身瑜伽，而心瑜伽丟失了。心瑜伽始自拈花微笑的禪宗，被達摩祖師帶到了中華大地，然而身瑜伽並沒有引入，這使得中華禪宗重心法而缺少身之修持。樂老先生把完整的太極拳結合在佛法修習中，補全拈花之奧義。而太極拳作為以身禪定的修習法門是非常貼切和完美的，所謂「要練身識轉」，心身禪定才可稱之為實修。

保任可以說是禪宗的核心修練法，不犯他人苗稼叫作「保」，要做便做、要行便行叫作「任」。保任也就是孔子說的「隨心所欲不踰矩」，不踰矩是保，隨心所欲是任。這個方向的修練可以說是中華文化的核心修法。但無論是佛家、道家還是儒家，修習這個核心都是一個難題，因為很難找到驗證方法和修習環境。

樂老先生把禪宗與太極拳結合起來，比較完美地解決了實驗驗證環境問題：太極拳架是「保」，在拳架中把「不踰矩」習練純熟；推手是「任」，以身意協調的「攏手」應對，「輕敷靈敏隨其轉動，不即不離，敵難進矣」。心動身隨，二十四時，時時處處都合理。所謂修心必當修身，修禪必須修行，否則必然落入空修的「口頭禪」。

　　以太極拳這個門徑來修習中國文化，本身就是一種緊貼實際的修法，是入中華文化之門的具體方法。

　　要先對道理有一定的知解，然後才可能由實踐而真正理解，但大部分的道理都不是淺顯易懂的，需要在對淺顯的道理理解得沒什麼偏差的基礎上才能夠領會，所以只能是腳踏實地地一步一步走下去。

　　經常會聽人說「只可意會不可言傳」，如同一幅名畫，任何語言描述都是蒼白和片面的，只有親眼看到才能體會到那種微妙的意境。中國的哲學更是如此。

　　繪畫是平面的，而哲學是立體的，甚至是多維立體，需要透過對各個側面的體悟來整體把握。注意，是體悟而不僅僅是理解，因為理解偏重於思維，體悟則是要瞭解、品嚐、實驗，直到能夠實踐。但體悟並不是通常概念中的「悟」或「開悟」，而是堅定地修養身心、轉變氣質達到一定程度後的恍然大悟，明白後通常又會覺得不過如此。如覺高深玄妙，則應該說還未曾體悟到。

　　這就是行功的寓意，行者之功──做一個中華文化的切實踐行者。它甚至不是指文化陶冶，而是全身心地投入其中，用娑婆世界的不如意來清淨八識田。

　　正如布袋和尚詩云：

　　　　手捏青苗種福田，低頭便見水中天。
　　　　六根清淨方成稻，後退原來是向前。

　　樂傳太極行功是系統地修練身心，由肢體動作入手，進而氣脈，再進至心意，逐漸深入中華文化的殿堂。

太極樁與準備活動

■ 太極樁原理

為何要練太極樁

在太極拳的基本功訓練中，有一種特殊的內功修練法——站樁。站樁既能養生又能練出功夫，既可修身又可修心，既是習練拳藝的基石，又是幫助習練者更深刻地體悟太極拳的便捷法門。

太極拳最根本的內容是掤、捋、擠、按、採、挒、肘、靠、前進、後退、左顧、右盼、中定十三勢，而站樁就是練就中定功夫的最佳途徑之一。清代太極拳秘譜中有「對待用功，法守中土——俗名站樁」之說，並對其做了進一步的闡述：「所難中土不離位……定之方中足有根。」中國功夫中，幾乎各家各派都有站樁的修練內容，而且都將其列為最重要的基本功。

現代社會去道日遠，人們的身體姿態對衛護生命的需求也逐漸降低，人們大都追求身體肌肉的安逸，而忘記了內臟的健康需求。

良好的身體生理狀態、胸廓形態和脊柱形態，可以保證內部器官不受壓迫，然而現代人很少注意保持良好的體態，無意中就對內臟造成了損傷，例如，胸廓下部經常向內壓迫內臟，骶骨向前壓迫內臟。

人們常說「生命在於運動」，但是，不合理的運動則

會損害人們的健康。人體架構是由眾多有著複雜運作能力的關節組成的，而關節處的筋脈比較集中，氣血在身體中的流通不可避免地要受到肢體關節的影響，也就是說身體的姿態直接影響著氣血的流通。

太極樁功就是利用這個原理，調整身體的靜態姿勢，使之不影響氣血的流動，並保持一個良性循環的狀態，為肢體的合理運動打下良好的基礎。

生命的運作是自我協調的，身體本就具有自我修復能力，只要我們不干擾生命的運作，並為之創造良好的環境，我們的身體就會自然趨於和諧、健康的狀態。

站樁實際上是要人們先建立靜態的「正確姿態」，然後是練拳架動作——練習動態的「正確姿態」，最後才是練習與人對抗時在危急環境中依舊保持身體的「正確姿態」。拳經云：「由招熟而漸悟懂勁，由懂勁階及神明。」所以站樁是學拳的基礎，而拳則是我們理解中華文明的鑰匙和途徑。

太極樁功身心修習原理

身——身體爐鼎說

尾骨尖水平指向前方，從下面托住；骶骨的上方向後，擺正胯部，環抱丹田，讓腹腔內的臟器可以輕鬆運作。

肩胛向後不壓迫胸廓，胸廓四面撐開（下背向後鼓出，軟肋向前突起），立直身體，挺腰揚起胸廓以不壓迫腹腔。

挺腰，命門向裡，以命門兩側筋突出為合格，囟門、天突、命門、尾骨末節前端形成一真正直線。

尾骨到位為「無漏、少漏」，命門向內到位為「生火」，天突到位為「生氣盎然」，此三處到位為安放爐鼎、命門火烹脾胃之水穀精華，以生榮養之氣。

心——復歸於嬰兒

老子曰「復歸於嬰兒」。太極椿模仿嬰兒的姿態和心態而建立，如站姿鬆挺，正身直立而不剛強，肩不壓身，頭正不前俯，關節不強直，等等。寡思少慾，真誠無慢，天然中和守雌。

■ 站椿流程和要點

站椿的目的

所謂的「椿」是以脊骨的「正確姿態」為最終目標的，這個「正確」最重要的是天突、命門、尾骨尖的垂直，而這三者又以命門為第一重要，「正確」的脊骨形態具有清晰明確的生理彎曲。

太極椿

站椿的流程

開始站椿以 3～5 分鐘為宜，逐漸增加到 25～30 分鐘，終極目標是 24 時站椿，坐臥均保持合宜的姿態。

1.雙腳成平行之月牙形站立於地，即雙腳尖內扣，微

成內八字。雙腳自腳跟起沿腳外緣至大腳趾，壓力均勻，腳心空起不落地，兩腳形成一個圓。

2.緊膝鬆胯，曲膝，大腿部向下、小腿部向上微用力，使膝蓋「縮緊」；臀部肌肉夾緊，配以大腿肌肉向下用力使胯關節「拉開」。

3.骶骨上方向後倒，命門前挺，後背向後突，天突向後與命門垂直對正。

4.肩頭、肩胛向後，向前抬臂，雙手腕部稍高於兩肩，雙手橫開稍大於肩寬，肘微曲，手指自然豎直，大指與小指微有在手背相合之意。

5.豎頸正容，下巴微微內斂，雙目平視，聚焦遠處，耳聽四方。

6.身體姿勢放好後，開始下樁。初練時不要求大幅降低，因為高樁容易調整身體姿態。身體重心逐漸放低，達到大腿與膝平則為極致。

但要注意的是，太極樁的下樁與通常的蹲馬步下樁不同，太極下樁不是下蹲，而是要把腳提起來，使得大地與身體的軀幹貼近，而不是身體下沉。下樁的前提是身體的整體姿勢不能改變。

7.身體姿態形成後，要先檢查腳圈用力是否均勻，然後在姿態不變的前提下，力所能及地放鬆全身的肌肉，並且每隔幾分鐘檢查一次（圖 1-1～圖 1-3）。[①]

---

① 動作示範：鍾海明。

圖 1-1　　　　　　　　　　　圖 1-2

圖 1-3a

圖 1-3b

■ 準備活動

在練太極拳之前做好準備活動是十分必要的，除了站樁外，這裡再介紹兩個最基本的準備活動。

準備活動

搖胯練習

首先，按照站太極樁的姿勢要領，兩腳自然站立，鬆胯，雙膝微曲，雙掌豎起，腕比肩略高，目光平視。

以搖右胯為例。提右膝，開右胯，從身體右側提起，膝與肋平，右腳踝內扣，大趾挑起，襠撐圓（圖1-4）。

接上動不停，以右膝為領，向左合胯，膝至身體左肋前（圖1-5）。

然後自然落下，腳不著地，繼續提右膝從右側搖起，左側落下。如此循環往復，可正搖7遍，再反搖7遍。反搖即右膝由左側起，向右搖擺，開胯自然落下。大腿僅在啟動時發力，隨後便任憑其自行運動落下（圖1-6）。

圖 1-4

圖 1-5

圖 1-6

圖 1-7

站立的支撐腿的膝蓋要放鬆，微曲。兩掌在空中保持不動。為了使身體保持平衡，讓自己的目光選定一個點，然後鎖定不動，身體就不易晃動。

搖左胯與搖右胯動作要領均相同，只是運動方向相反。另外，也可以兩手自然交叉放在小腹前，保持重心，進行搖胯練習（圖1-7）。

繞膝練習

站立姿勢與搖胯時相同。以搖右膝為例。當右膝提起搖至身前時，保持膝與胯平，或高於胯，保持身體平衡後，開始做繞膝練習。

大腿抬高保持不動，腳踝內扣，大趾挑起。小腿做內旋繞動，然後再做外旋繞動。可各繞若干次，再轉換繞左膝，方法相同（圖 1-8～圖 1-11）。

【要領】

支撐腿的膝蓋要放鬆，微曲。目光平視，選定目標，保持平衡。注意腳踝內扣、圓襠，僅在啟動時微微發力，自然輕鬆地旋繞。

【解析】

搖胯和繞膝是除站樁以外的兩項簡單而重要的準備活動，有助於打拳時的開胯、鬆胯，有助於在打拳中讓膝蓋

圖 1-8　　　　　　　　　圖 1-9

圖 1-10　　　　　　　　圖 1-11

保持正確的姿態。同時，可以有效地避免膝、胯、踝關節
在打拳中受到損傷。久而久之，養成習慣，在生活中也就
自然能夠保持同樣的狀態了。

太極行功入門

■ 基礎練習

起式

　　自然站立（圖 2-1）[1]，雙手以虎口領勁，帶動兩臂上提，提至雙手與肩同高，同時左腳向前邁出半步（圖 2-2）。

基礎練習

　　雙手下按，同時右腳向前跟半步與左腳相平行，兩腳間隔與雙肩同寬，恢復自然站立（圖 2-3）。

圖 2-1

圖 2-2

---

[1]　動作示範：范辛堯。

圖 2-3

收式

　　身體右轉，兩腳平行，雙手十字交叉於胸前，右手在前、掌心向內，左手在後、掌心向外，雙手成十字推出（圖 2-4）。

　　左腳後撤半步，重心後移，雙手掌心向下自然下落，同時右腳後撤半步，兩腳間隔與兩肩同寬，恢復預備式（圖 2-5）。

圖 2-4

圖 2-5

基本步法

雙腳自然站立，兩腳間隔與雙肩同寬，左腳尖與身體左轉，成左弓步（圖 2-6）。

重心後移，前腳（左腳）外掰、身體左轉 45°，重心移至前腳，提後腳（右腳）貼至與左腳平行（圖 2-7）。

右腳邁向正前方，弓右腿成右弓步（圖 2-8）。重心後移，右腳外掰、身體右轉 45°，重心移至右腳，提左腳貼至與右腳平行，邁左腳向正前方，弓左腿成左弓步。依次循環練習。

圖 2-6

圖 2-7

圖 2-8

【要領】

弓步時，注意前後腳不要交叉，前腳尖與後腳跟基本在一條線上；弓步時鬆胯，後腿膝蓋向外開，前腿內扣。

■ 太極行功初級練習

摟膝拗步

第一式　摟膝拗步

1.起式（每一式的起式和收式動作基本相同。）

略。

2.左摟膝拗步

自然站立，上身微向右轉，慢慢後坐，重心落於右腿上；左掌由左向右劃弧扣至右胸前，掌心向下；同時，右掌由下向後上方劃弧托起，至右肩部外側，與耳同高，掌心向上；眼看右掌前方（圖 2-9）。

上身左轉，隨即左腿向前邁出，慢慢前弓，身體左轉，重心移至左腿上。同時，右臂曲回，右掌由耳側向前推出，掌心朝前，高與鼻尖齊平；左掌向下由左膝前摟過，落於左膝外側；眼看右掌前方（圖 2-10）。

圖 2-9

圖 2-10　　　　　　　　　圖 2-11

3.右摟膝拗步

接上式。上體慢慢後坐，身體重心移至右腿，左腳尖翹起，以腳跟為原點微向外掰，身體微向左轉，左掌由下向後上方劃弧至與肩平，掌心向上；同時曲右肘，右掌劃弧扣至左肩部內側；重心移至

圖 2-12

左腳，右腳提膝跟進，腳尖著地，靠在左腳踝骨內側（圖2-11）。

上身右轉，隨即右腿向前邁出，慢慢向右弓步，重心移至右腿上。同時，左臂曲回，左掌由左耳側向前推出，掌心朝前，高與鼻尖平；右掌向下由右膝前摟過，落於右膝外側；眼看左掌前方（圖 2-12）。

如此左右交替循環練習。

4.收式

略。

【要領】

向前邁步時前腳尖內扣 15°左右，與後腳跟不交叉，自然位於中心線的左右兩側，並且不能超過一拳寬的距離。

向前出掌時重心前移，同時後腿膝蓋外展向後撐緊，前腿大腿內扣，做到由重力前傾使重心前移；左右轉換時，重心後移，前腿膝蓋外展向前撐緊，後腿大腿內收；左右手向胸前劃弧時，不能超過胸前正中線；定式時身體正直，微微前探，不能後仰，也不能哈腰；定式時摟膝的手定於膝蓋上方斜前 45°。

【解析】

做動作時一手摟膝，另一手向前推掌（異側手腳在前為拗步），根據攻防含義，稱為摟膝拗步。此動作能運動腰、脊、肩、膝、腿各部，特別突出轉身、邁步，對身體姿態有良好的調節作用。

起式至出掌的過程可導引陰氣上升，經腿內側至手內側，轉換過程中導引陽氣下行至足，促進經脈氣血的運行。

第二式　攬雀尾

1.起式

略。

攬雀尾

2.左攬雀尾

預備式站立（圖 2-13），身體左轉，左腳向左前方邁出，重心前移成左弓步，左腳尖與右腳跟基本在同一直線上。左肘微曲，以左前臂外側和手背向左前方弧形掤出，左掌高與肩平，掌心向內；同時右手向左上方揚起，掌心向前，眼神顧及左手，目視前方（圖 2-14）。

圖 2-13   圖 2-14

身體微向左轉，左手隨之前伸，掌心朝下。身體以腰為軸微向右轉，重心移至右腿，右手向外翻掌，掌心朝上，經腹前向左上前伸至左腕下方，然後兩手下捋，經腹前向右後方劃弧（圖 2-15）。隨後左臂平曲於胸前，左掌掌心向內，右掌內旋，掌心向前，眼神顧及右手、目光向前。身體微向左回轉，右手置於左手腕裡側，雙手同時向前擠出，右掌心向外，左掌心向內，重心移至左腿成左弓步，眼神顧及雙手，目視前方（圖 2-16）。

圖 2-15

圖 2-16

　　左掌內扣向下，右手向右前伸出，與左手齊平，掌心向下。兩掌回收，同時向左右分開，與肩同寬。身體後坐，重心移至右腿（圖 2-17）。

　　雙手回收下按，兩臂收回至胸前，兩手掌心向下，身體重心前移，左腿前弓成左弓步；然後兩掌抬起、向前按出，手腕高與肩平，兩眼平視前方（圖 2-18）。

圖 2-17

圖 2-18

3.右攬雀尾

接上式。提右腳，經左腳內側向前邁出，成右弓步，右手向右上方揚起，掌心向前，同時右肘微曲，以右前臂外側和手背向右側弧形掤出，右掌高與肩平，掌心向內；同時左手向右上方揚起，掌心向前，眼神顧及右手，目光向前（圖 2-19）。

圖 2-19

身體微向右轉，右手隨之前伸，掌心向下；身體以腰為軸微向左轉，重心移至左腿，左手向外翻掌，掌心朝上，經腹前向右上方前伸至右腕下，然後兩手下捋，經腹前向左後方劃弧（圖 2-20）。

隨後右臂平曲於胸前，右手掌心向內，左手掌心向上，高與肩平。眼神顧及左手，目光向前。

身體微向右回轉，左臂曲肘收回，左掌置於右手腕內側，雙手同時向前擠出，左掌心向外，右掌心向內，重心移至右腿成右弓步。眼神顧及雙手，目光向前（圖 2-21）。

圖 2-20　　　　　　　　　　　圖 2-21

　　右手向下扣掌，左掌向左前伸出，高與右掌齊平，掌心向下，兩掌回收，身體後坐，重心移至左腿（圖 2-22）。

　　雙手回收下按，兩臂回收至胸前，兩手掌心向斜下方，身體重心前移，右腿前弓成右弓步；然後兩手向前上方按出，手腕高與肩平，兩眼平視前方（圖 2-23）。

　　如此左右交替循環練習。

圖 2-22　　　　　　　　　　　圖 2-23

4.收式

略。

【要領】

向前邁步時，前腳尖內扣 15°左右，與後腳跟不能交叉，同時也不能超過一拳的距離；重心前移時，後腿膝蓋外展、向後撐緊，前腿大腿內收，重心前傾；左右轉換時，重心後移，前腿膝蓋外展、向前撐緊，後腿大腿內收；左右手向胸前劃弧時，不能超過胸前正中線；定式時身體正直、略微前探，不能後仰，也不能前躬；出掌時，雙手要高於雙肩。

【解析】

攬雀尾包括掤、捋、擠、按，是太極拳的基本動作。從攬雀尾開始練習，熟練後也更容易掌握其他動作的要領。

第三式　雲手

1.起式

略。

雲手

2.左雲手

接上式。身體漸向右轉，身體重心移至右腿上；右掌經腹前向左上劃弧至左肩前，與鼻同高，掌心向左下方，同時左掌劃弧至小腹前，掌心向上，雙掌呈抱球狀，目視右手前方（圖 2-24）。

上體慢慢左轉，右腳尖點地，身體重心隨之逐漸左

移；左掌經小腹、面前向左上側劃弧，掌心向內；右掌由左上經胸前向右下劃弧，下按至右胯旁，掌心向下，目視左掌前方（圖 2-25）。

圖 2-24

圖 2-25

3.右雲手

接上式。身體重心全部移至左腿，右腳提起靠近左腳，成小開步（兩腳距離 10～20 公分）；身體漸向左轉，左掌保持位置不動，轉臂翻掌向下，與軀幹相合，左掌恰至右肩前，掌心斜向內；同時右掌向內劃弧至小腹前，掌心向上，雙掌呈抱球狀，眼看左手前方（圖 2-26）。

上體慢慢右轉，左腳尖點地，身體重心隨之逐漸右移；右掌由臉前向右上側劃弧，掌心向內；左手由右上經胸前向左下劃弧至左胯旁，掌心向下，目視右掌前方（圖 2-27）。

圖 2-26

圖 2-27

如此左右交替循環練習。

4.收式

略。

【要領】

左右手向胸前劃弧時，不能超過胸前正中線；左雲手時，左腿支撐，右腳尖用力貫到左手。

【解析】

左腳貫右手力道，右腳貫左手力道，雲手一式注重力道的整體性。

第四式　倒捲肱

1.起式

略。

倒捲肱

2.左倒捲肱

身體右轉，重心移至右腿，左掌右移，掌心向上托於右腹前，同時右掌掌心向下，撐於胸前（圖 2-28）。

重心後移，右膝上提收至左腿內側，同時左掌掌心向上經腹前向左後方下捋，曲臂劃弧、翻掌向上，左掌提至左耳側，掌心向上；右手滾臂翻掌向內，抱於左胸前，目視右手前方（圖 2-29）。

圖 2-28

圖 2-29

右腿隨收提之力向後側撤步，身體右轉，右腳尖隨之先著地，然後慢慢踏實，重心移至右腿，成左虛步；同時左掌由耳側向前推出，立掌、掌心向前，右小臂外掛翻掌、掌心向上，隨後向右後捋壓，停於右胯側，目視左掌前方（圖 2-30）。

3.右倒捲肱

接上式。身體左轉，重心移至左腿，右掌左移，掌心

向上托於左腹前，同時左掌掌心向下，撐於胸前（圖
2-31）。

重心後移，左膝上提收至右腿內側，同時右掌掌心向
上、經腹前向右後方下捋，曲臂劃弧、翻掌向上，右掌提
至右耳側，掌心向上；左手滾臂翻掌向內，抱於右胸前，
目視前方（圖 2-32）。

左腿隨收提之力向後側撤步，身體左轉，隨之左腳尖
先著地，然後慢慢踏實，重心移至左腿，成右虛步；同時

圖 2-30

圖 2-31

圖 2-32

圖 2-33

右掌由耳側向前推出，立掌、掌心向前，左小臂外掛翻掌、掌心向上，向左後捋壓，停於左胯側，目視右掌前方（圖 2-33）。

如此左右交替循環練習。

4.收式

略。

【要領】

後退步時，前腳尖內扣 15° 左右，與後腳跟不能交叉，同時也不能超過一拳的距離；後退步時，重心後移，前腿膝蓋外展、向前撐緊，後腿大腿內收；定式時，身體正直、略微前探，不能後仰，也不能彎腰；前推手不要伸直，後撤手也不可直向回抽，要隨轉體仍走弧線。前推時，要轉腰鬆胯，兩手的速度一致，避免僵硬。退步時，腳掌先著地，接著全腳慢慢踏實。

【解析】

從養生角度來說，太極拳中的重心轉移，可使兩腳交替休息，不易疲勞，也能增加美感，同時鍛鍊平衡感。

第五式　野馬分鬃

1.起式

略。

野馬分鬃

2.左野馬分鬃

上體微向右轉，身體重心移至右腿上，左腳收至右踝

內側，腳尖點地；同時右臂收於胸前平曲，掌心向下，左手經體前向右下劃弧放在右掌下，掌心向上，兩掌掌心相對、呈抱球狀，目視左前方（圖 2-34）。

上體微向左轉，左腳向左前方邁出，重心移至左腳，成左弓步；同時上身繼續向左轉，左右兩掌隨轉體分別慢慢向左上和右下分開，左手高與眼平，肘微曲，右掌按於右胯側，肘微曲，掌心向下，指尖向前，目視左掌（圖 2-35）。

圖 2-34　　　　　　　　　　　　圖 2-35

3.右野馬分鬃

上體慢慢後坐，身體重心移至右腿，左腳尖翹起，以腳跟為原點微向外撇，同時上體微向左轉，目視左手。

上體繼續左轉，身體重心再移至左腿，兩手劃弧，右掌向左下劃弧、掌心向上，放在左掌下，左掌翻掌、掌心向下，兩手相對呈抱球狀，右腳收至左腳內側，腳尖點地，目視右前方（圖 2-36）。

身體向右轉身動，左右兩掌隨轉體分別慢慢向左下和右上分開，右掌高與眼平，肘微曲，左掌按於左胯側，肘微曲，掌心向下，指尖向前，目視右掌（圖 2-37）。

如此左右交替循環練習。

圖 2-36　　　　　　　　　　圖 2-37

4.收式

略。

【要領】

左手臂前撐時，右腳用力貫力到左手，右手臂前撐時，左腳用力貫力到右手；手臂前撐時，身體重心前移，靠腰力擠出前臂。

第六式　玉女穿梭

1.起式

略。

玉女穿梭

2.左玉女穿梭

上體微向右轉，身體重心移至右腿，左腳收至右踝內側，腳尖點地。雙掌掌心向上、收於兩肋前（圖 2-38）。

身體左轉，左腳向左前方 45°邁出，身體重心移至左腳，曲膝弓腿，成左弓步；同時，左掌經面前向上舉，並翻掌撐於左額前，掌心向斜上方；右掌上提、經胸前向前推出，高與鼻尖平，掌心向前，目視右掌前方（圖 2-39）。

圖 2-38

圖 2-39

3.右玉女穿梭

接上式。上體微向左轉，身體重心移至左腿，右腳收至左踝內側，腳尖點地，雙掌掌心向上收於兩肋前（圖 2-40）。

身體右轉，右腳向右前方 45°邁出，身體重心移至右腳，曲膝弓腿，成右弓步；同時，右掌經面前向上舉、並

翻掌撐於右額前，掌心向斜上方；同時左掌上提，經胸前向前推出，高與鼻尖平，掌心向前，目視左掌前方（圖2-41）。

圖 2-40

圖 2-41

如此左右交替循環練習。

4.收式

略。

【要領】

向前邁步時，前腳尖內扣 15°左右，與後腳跟不能交叉，同時距離不能超過一拳；重心前移時，後腿膝蓋外展、向後撐緊，前腿大腿內收，重心前移；左右轉換時，重心後移，前腿膝蓋外展、向前撐緊，後腿大腿內收；出掌時，手掌位於身體中線斜前方 45°。

太極行功八勢

■行功「八勢」及其由來

太極拳家樂匋先生修拳 70 年不輟，於太極拳頗有心得。樂匋先生承上啟下所做《太極每式八勢印合八卦演序表》（表 1，簡稱《演序表》），寓八卦爻象、五行、經脈、四季演化於拳術動作之中，合為擎、攦、黏、引、鬆、開、發、放八勢，以對應於離、坤、兌、乾、坎、艮、震、巽八卦爻象。每勢均明確拳式練法、練拳要點、拳形部位。

此表的修成，以太極拳為載體，熔中華文化核心體系中的五行、八卦及中華醫學的十四經脈於一爐，使太極拳術理論趨於完美，文武貫通而臻於大成境界。

■八勢概述

名稱的解釋

每式：在樂傳太極拳中，一進一退為一式。如攬雀尾，左掤轉換為退，掤為進，合為一式；挒為退，擠為進，合為一式；按則為進退各一，合為一式。退為蓄，進為發。

勢：勁力的姿態、趨向。每式中，進為發、放、擎、攦，退為黏、引、鬆、開，共八勢。

清代李經綸《撒放秘訣》中有「擎起彼身借彼力，引

到身前勁使蓄。鬆開吾勁勿使屈，放時腰腳任端的」，已對四勢有了詳盡的說明，八勢將太極拳招式進一步細化，闡明內在勁道原理，對習拳者可謂大方便。

表1　太極每式八勢印合八卦演序表

太極式	末四分之一式		一個整式							
蓄發	發（後半）		蓄				發			
擎引鬆放	擎		引		鬆		放		擎	
每式八勢	擎	擺	黏	引	鬆	開	發	放	擎	擺
八卦交象	☲	☷	☱	☰	☵	☶	☳	☴	☲	☷
卦名	離	坤	兌	乾	坎	艮	震	巽	離	坤
擎勢形之子	目	腹	口	頭	耳	手	足	股	目	腹
對應上中下（身手足）動靜	上下動中靜	上中下俱靜	上靜中下動	上中下俱動	中動上下靜	上動中下靜	下動上中靜	上中動下靜	上下動中靜	上中下俱靜
拳式練法	目出指粘①	腹擁手擺	口轉手研	頭帶手研	豎耳下樁	手掃身開	足發身靜	股送臀出	目出指粘	腹擁手擺
練拳要點	趾要實	肘膝鬆	腰要順	身反濕	頭容正	到踝趾	手要遲	踝頸鬆	趾要實	肘膝鬆
五行	火	土	金	金	水	水	木	木	火	土
粘連黏隨	粘	連	黏	隨	粘	連	黏	隨	粘	連
練法大意	上爻粘黏上拔高	中下連形靜勢連	上爻黏形留連纏綣	中下隨捨己無高	下爻粘虛貼鬆沉	上爻連形頓勢張	下爻黏黏住催動	上中隨隨出而放	上爻粘粘上拔高	中下連形靜勢連
經脈	手少陰心經	足太陰脾經	手太陰肺經	手陽明大腸經	足少陰腎經	足太陽膀胱經	足厥陰肝經	足少陽膽經	手少陰心經	足太陰脾經
四季	夏	夏秋	秋	秋冬	冬	冬春	春	春夏	夏	夏秋

---

① 粘：音ㄓㄢ（同沾），本書慣稱「粘連黏隨」。後同。

《演序表》之八卦原理

《太極每式八勢印合八卦演序表》以文王後天八卦為基準。後天八卦圖又稱文王八卦圖，即以震卦為起始點，位列正東。按順時針方向，依次為巽卦，東南；離卦，正南；坤卦，西南；兌卦，正西；乾卦，西北；坎卦，正北；艮卦，東北。如象徵節氣，則震為春分，巽

後天八卦圖：腳踏八卦，前腳坤地為攏，踏陰魚眼；後腳艮山為開，踏陽魚眼。

為立夏，離為夏至，坤為立秋，兌為秋分，乾為立冬，坎為冬至，艮為立春。

《說卦傳》曰：「乾、天也，故稱乎父。坤、地也，故稱乎母。震一索而得男，故謂之長男。巽一索而得女，故謂之長女。坎再索而得男，故謂之中男。離再索而得女，故謂之中女。艮三索而得男，故謂之少男。兌三索而得女，故謂之少女。」「帝出乎震，齊乎巽，相見乎離，致役乎坤，說言乎兌，戰乎乾，勞乎坎，成言乎艮。」邵子曰：「乾統三男於東北，坤統三女於西南；乾、坎、艮、震為陽，巽、離、坤、兌為陰。」

太極、兩儀、四象、八卦原理解析

所謂太極，即精神上始終保持微有些警惕和探求的清明狀態，反映在身體上，就是所謂的「似鬆非鬆，將展未展」，身神合一。類似於百米跑「各就各位預備」到發令

槍響之前的狀態。這種狀態在任何時間、任何場合都保持至少三分，便可稱為太極狀態。拳中更要保持這種狀態，不然就不是太極拳，而是健身操。保持住狀態，然後「屈伸開合聽自由」，到此可以說是「中成」了。

有動之意但還未動之前為太極，動則為兩儀。出、發、攻為陽；回、收、守為陰。於拳，蓄（陰）、發（陽）、攻－守轉換、守－攻轉換，為四象。擎、引、鬆、放循環往復，引、鬆為蓄、為陰，放、擎為發、為陽；擎、攏、黏、引、鬆、開、發、放為八卦，對應身體部位及練法在《演序表》中可一一對應。

《說卦傳》曰：「帝出乎震，齊乎巽，相見乎離，致役乎坤，說言乎兌，戰乎乾，勞乎坎，成言乎艮。」結合拳道的解釋如下。

帝出乎震：在拳為發，發從震出，足發身靜，全身一致，內外相合。所以為「帝」，統領全身之謂。

齊乎巽：在拳為放，放時身、手隨勁而出，叫作齊，齊整劃一。所謂「放時腰腳認端的」。

相見乎離：在拳為擎，「攻」的成效是在向上掀起對方時顯現，所以是相見；到達「攻」的最大值。

致役乎坤：在拳為攏。役即戍邊，也就是到了前面的邊界，不能再向前了，所以收攏歸中。

說言乎兌：在拳為黏。說為悅，兌為秋，愉悅收穫萬物，開始進入陰收狀態，輕鬆主動地由攻變為守。

戰乎乾：在拳為引，「引到身前勁始蓄」。乾為陽，處退守之陰境，陰陽交戰。中華之武，靠強力對拼的狀況幾乎不會出現，破壞其均衡，找弱點、空當，避實擊虛才

是兵道、武道,所以在防守時開始啟動制勝戰略,即「戰乎乾」。

勞乎坎:在拳為鬆,「鬆開吾勁」。坎為陰之極,勞則是表示到達盡頭,退守到極致,身心休息以待陽動升起,所以坎有「一陽伏藏」之說。

成言乎艮:在拳為開,「勿使屈」。成是完成,蓄勁完成,處於極度壓縮狀態,一個新開端的前夜,站穩等待時機出發,所以為艮山,立直而不屈。

身體上中下爻的劃分

身體分上、中、下三爻。總體來說,手臂為上爻,軀幹為中爻,腿腳為下爻。

手臂又可分三爻。手掌為上爻,小臂為中爻,上臂為下爻;手掌又可分三爻,手指為上爻,掌中為中爻,掌根為下爻;手指又可分三爻,指尖為上爻,指中節為中爻,指根為下爻。

軀幹又可分三爻。胸部為上爻,腰為中爻,腹為下爻。

下肢又可分三爻。股骨為上爻,小腿為中爻,腳為下爻;腳,腳跟為上爻,腳掌為中爻,腳趾為下爻;腳趾根節為上爻,趾尖為中爻,趾尖與地面接觸為下爻。

上中下三爻的動作

為離卦,爻象為上下動中靜,練法是手指、手、手

臂、大腿、踝粘上拔高，眼光上挑，手指領上爻向上。同時腳趾上節要有力，上節有力則身體有含空的意味。

攏

為坤卦，爻象為上中下俱靜，練法是隨上式鬆盪（鬆盪就是肘膝鬆）到前腳，歸中，落於前腳掌魚眼處，中爻主要是腹部攏上前，前出的上爻主要是手圈攏回來。

黏

為兌卦，爻象為上靜中下動，練法是中下爻後撤，上爻保持空間不動，名為留連，轉掌以保持手指不動，撐臂保持腕不動，彎背保持手臂少動，拱膝、撐胯、抓趾，保持大腿少動，在保持手腕少動的同時，完成身體的後撤預動作。

引

為乾卦，爻像是上中下俱動。練法是上爻後退，中下爻隨上爻一起後撤，身腿開始時在退向的前面領動，然後手超過身腿為反盪。

鬆

為坎卦，爻像是中動上下靜。練法為中爻（肘、腰、膝）提起，膝蓋提起則身體下浮，把耳朵豎直會使動作容易很多。

這是一種正面應對的包容，所謂頭榮正。

開

為艮卦，爻像是上動中下靜。練法為身體上爻（手腕、手臂、大腿、腳跟）全部揚起，在勢張蓄足的同時打開力量前出的通道，以手為先所以手掃，開通道所以身開，要開到腳才為足，所以到踝趾。

發

為震卦，爻像是下動上中靜。練法是下爻主動，從下而上，足為第一先，然後是腿，大臂和手腕最後，所謂足發身靜，手要遲。

放

為巽卦，爻像是上中動下靜。練法是足踏實不動，腿做弓步的同時送出身、手，手掌的速度是身體速度和手臂伸展速度的疊加，股送臂出。為不影響動作的順暢，要注意踝和頸不要緊張。

陰陽相濟原理

乾（引）、坎（鬆）、艮（開）、震（發）為陽卦，但引、鬆、開為蓄，發（發勢）為轉換，蓄為陰；巽、離、坤、兌為陰卦，但放、擎、攏為發（蓄發之發），黏為轉換，發（蓄發之發）為陽。

陰陽卦象與太極蓄發之間相錯於發勢、黏勢，此二勢本身即具備內外表裡的陰陽。

蓄發為環境，也就是總體勢態；八勢為具體表象，也就是行動個體。蓄是陰境，但動作為陽，即退守時要主

動，意在人前，先機先動，引進落空，先機靠黏勢取得——表抗裡退，得到戰略空間，主動從容、引人入伏；發（蓄發之發）是陽境，但動作為陰，也就是攻擊時要順勢而為，因勢利導，蓄勢靠發勢取得——外靜內攻，搶先展開得強勢，出其不意、因地制宜。此為「陰陽相濟」。

「行功」這一功法流傳已久，由李亦畬傳錄《太極行功歌》，其中所講的行功是指行氣，包括坐、立、呼吸等方法，以行周身之氣。

太極行功是從傳統楊式太極拳中精選組成，其特點均勻、柔和、平穩，練習過程由淺入深，老少皆宜，其內容精簡扼要，結構簡練易學，增強了全面性和均衡性，形與法皆有明確的規範和要領。

本功法以太極的陰陽轉化、動靜相生、對立統一為原理，並始終貫徹於練功過程，突出呼吸結合動作的導引之術，以氣助動、以意引氣、氣盡而式成，動作要純任自然、柔和緩慢、氣貫四稍，形體動而頭腦靜，動靜兼修、形神兼具。

根據經絡論和陰陽五行轉化的原理，隨動作、經脈、氣血左右運轉，升降開合，上下貫通。這種有節律的活動，能對神經、血管、呼吸及消化等系統產生良好的牽動和導引，從而達到健身強腦、修殘補缺、扶正祛邪的實效。

太極拳招式繁多，導致練習者不易深入。而太極行功以單式練習入手，一通則全通，有助於練習者對太極拳的深度瞭解和掌握。單式簡單易學，所需場地也沒有過於嚴格的要求。

這裡選取楊式太極六式作為行功八勢的練習門徑介紹給讀者，可以專練一式，也可以擇其一二，日久必對太極拳有更加深入的認識。

■ 太極行功八勢

第一式　摟膝拗步

1.起式

摟膝拗步（八勢）

自然站立，虎口領勁、兩臂上提，提至雙手與肩同高，同時右腳向前邁出半步；雙手下按，同時左腳向前跟半步與右腳相平，恢復自然站立（圖 3-1～圖 3-3）[①]。

2.左摟膝拗步（擎左手，左弓步，送左手，發右手）

擎勢（目出指粘）

身體左轉，兩腳相平，雙手向左上擎起，左掌掌心朝外，右掌掌心朝內；左側手指、手臂、大腿、踝粘上拔高，目光上揚，手指向上，雙手擎出。同時腳趾上節要有力（圖 3-4）。

攏勢（腹攏手攏）

接上勢，身體重心鬆盪到前腳，歸中，落於前腳掌魚眼處。腹部攏上前，前出的雙手圈攏回來，左掌掌心朝外，右掌掌心朝內；同時左手掌外翻外撐，右手掌圈攏（圖 3-5）。

---

① 動作示範：鍾海明。

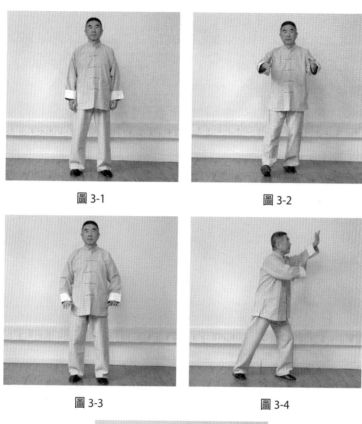

圖 3-1

圖 3-2

圖 3-3

圖 3-4

圖 3-5

黏勢（口轉手研）

接上勢，身體中下部微微後撤，肩臂保持空間不動，名為留連，向外碾轉左掌，撐小臂保持腕不動，彎背保持手臂少動，拱左膝，撐左胯，抓趾，保持大腿少動，在保持手腕少動的同時完成身體的後撤預動作（圖 3-6）。

引勢（頭帶全身）

接上勢，由頭帶動身體中下部向右一起後撤，左掌掌心朝下，右掌掌心朝上，做将勢；身體和腿開始時在後撤方向的前面領動，然後手超過身腿形成反盪（圖 3-7）。

鬆勢（豎耳下椿）

接上勢，雙手将至盡頭，身體左轉，重心前移，落於左腿，身腹貼於左腿內側，左臂、左掌向左側下

圖 3-6

圖 3-7

圖 3-8

落，身體下沉做「鬆」；同時，右肘、右掌高度基本保持不變，腰、膝提起，身體下落（圖 3-8）。

開勢（手掃身開）

接上勢，身體下落到底，隨即彈起，身體重心後移至右腿，同時，左掌在做「鬆」下落後，隨即迅速自胸前向右後掃過，身體打開，右臂、右掌隨身而動。左臂、左肘撐起於胸前，左掌掌心向下，右手揚起，在左掌後，掌心向前，目視前方。在蓄勢的同時打開前出的通道（圖 3-9）。

發勢（足發身靜）

從下而上，足為先發，然後是腿，大臂和手腕隨即發出。所謂足發身靜，手要遲。「發」字，僅僅是全身鬆沉，足下發力，微微一動，並無明顯的身體位移（圖3-10）。

圖 3-9

圖 3-10

圖 3-11

放勢（股送臂出）

身體重心前移至左腿，左掌自左膝前摟過，止於左膝外側，同時，右掌穿過身體，自胸前推出，掌心朝前。足踏實不動，腿做左弓步的同時送出身、手，手掌的速度是因腿而來，是身體速度和手臂伸展速度的疊加，為股送臂出（圖 3-11）。

3.右摟膝拗步（擎右手，送右手，發左手）

擎勢（目出指粘）

接上勢，雙手向右上擎起，右掌掌心朝外，左掌掌心朝內；右側手指、手臂、大腿、踝粘上拔高，目光上揚，手指領向上，雙手擎出。同時腳趾上節要有力（圖 3-12）。

攏勢（腹擁手攏）

接上勢，身體重心鬆盪到前腳，歸中，落於前腳掌魚眼處，腹部擁上前，前出的雙手圈攏回來，右掌掌心朝

圖 3-12

圖 3-13

外，左掌掌心朝內；同時右手掌外翻外撐，左手掌圈攏（圖 3-13）。

黏勢（口轉手研）

接上勢，身體中下部微微後撤，肩臂保持不動，名為留連，向外碾轉右掌，撐小臂保持腕不動，彎背保持手臂少動，拱左膝，撐右胯，抓趾，保持大腿少動，在保持手腕少動的同時完成身體的後撤預動作（圖 3-14）。

圖 3-14

引勢（頭帶全身）

接上勢，由頭帶動身體中下部向右一起後撤，右掌掌心朝下，左掌掌心朝上，做捋勢；身體和腿開始時在後撤方向的前面領動，然後手超過身腿形成反盪（圖 3-15）。

鬆勢（豎耳下樁）

接上勢，雙手捋至盡頭，身體右轉，重心前移，落於右腿，身腹貼於右腿內側，右臂、右掌向右側下落，身體下沉做「鬆」；同時，左肘、左掌高度基本保持不變，腰、膝提起，身體下落（圖 3-16）。

圖 3-15

圖 3-16

圖 3-17a

圖 3-17b

開勢（手掃身開）

接上勢，身體下落到底，隨即彈起，身體重心後移至左腿，同時，右掌在做「鬆」下落後，隨即迅速自胸前向左後掃過，身體打開，左臂、左掌隨身而動。右臂、右肘撐起於胸前，右掌掌心向下，左手揚起，在右掌後，掌心向前，目視前方。在蓄勢的同時打開前出的通道（圖 3-17）。

發勢（足發身靜）

從下而上，足為先發，然後是腿，大臂和手腕隨即發出。所謂足發身靜，手要遲。

「發」字，僅僅是全身鬆沉，足下發力，微微一動，並無明顯的身體位移（圖 3-18）。

放勢（股送臂出）

身體重心前移至右腿，右掌自右膝前摟過，止於右膝外側，同時，左掌穿過身體，自胸前推出，掌心朝前。足踏實不動，腿做右弓步的同時送出身、手，手掌的速度是因腿而來，是身體速度和手臂伸展速度的疊加，為股送臂

圖 3-18a　　　　　　　　　圖 3-18b

出（圖 3-19）。

　　接上勢，左腳跟進，腳尖著地成虛步，靠在右腳踝骨處，左手做「掤」同時做「擎」，依次做左摟膝拗步八勢，如此左右交替循環練習。

圖 3-19a　　　　　　　　　　　　圖 3-19b

4.收式

　　太極行功可在做完任一完整動作後進行收式。以下以接右摟膝拗步為例做收式的示範。

抱虎歸山

　　身體右轉，兩臂張開，雙掌立起，掌心朝前。兩腿下蹲成馬步，目視右拳（圖 3-20）。

　　兩臂向下、向內抱起，兩腿隨之立起，雙掌掌心朝內，交叉於胸前，目光平視前方（圖 3-21）。

十字手

　　雙腿直立，雙腳平行；同時兩臂抱攏，左掌內旋，掌

心朝外，勞宮穴與右腕內關穴相對，以兩肘帶小臂向外撐，目光平視前方（圖 3-22）。

收式

接上動，身體重心落於右腿，左腿後撤半步，同時右掌下按，左手內旋，掌心朝上。身體後移，目視右掌（圖 3-23）。

接上動，身體重心後移至左腿，右腿後撤，同時右掌內旋收回，掌心朝上，左掌外翻下按，掌心朝下，身體重

圖 3-20

圖 3-21

圖 3-22

圖 3-23

心後移落於右腿，目視左掌（圖 3-24）。

　　左腿收回與右腿平行，同時兩臂收回，雙掌下按，自然落於身體兩側，掌心朝下，目光平視前方（圖 3-25）。

圖 3-24

圖 3-25

第二式　攬雀尾

1.起式

略。

攬雀尾（八勢）

2.左攬雀尾（擎左手，左弓步，送左手，發右手）

擎勢（目出指粘）

　　身體左轉，兩腳平行，雙手向左上擎起，左掌掌心朝外，右掌掌心朝內；左側手指、手臂、大腿、踝粘上拔高，目光上揚，手指向上，雙手擎出。同時腳趾上節要有力（圖 3-26）。

攏勢（腹擁手攏）

接上勢，身體重心鬆盪到前腳，歸中，落於前腳掌魚眼處，腹部擁上前，前出的雙手圈攏回來，左掌掌心朝外，右掌掌心朝內；同時左手掌外翻，右手掌圈攏（圖3-27）。

圖 3-26　　　　　　　　　　圖 3-27

黏勢（口轉手研）

接上勢，身體中下部微微後撤，肩臂保持不動，名為留連，向外碾轉左掌，撐小臂，腕保持不動，彎背、保持手臂少動，拱左膝，撐右胯，抓趾，保持大腿少動，在保持手腕少動的同時完成身體的後撤預動作（圖3-28）。

引勢（頭帶全身）

接上勢，由頭帶動身體中下部向右一起後撤，左掌掌心朝下，右掌掌心朝上，做捋勢；身體和腿開始時在後撤方向的前面領動，然後手超過身腿形成反盪（圖3-29）。

圖 3-28

圖 3-29

鬆勢（豎耳下樁）

接上勢，雙手捋至盡頭，身體左轉，重心前移，落於左腿，身腹貼左腿內側，左臂、左掌向左側下落，身體下沉做「鬆」；同時，右肘、右掌高度基本保持不變，腰、膝提起，身體下落（圖 3-30）。

開勢（手掃身開）

接「鬆」字，身體下落到底，隨即彈起，身體重心後

圖 3-30

圖 3-31

移至右腿，同時，左掌在做「鬆」下落後，隨即迅速自胸前向右後掃過，身體打開，右臂、右掌隨身而動。左臂、左肘撐起於胸前，左掌掌心向內。右手在後，收於右肋，掌心向前，對準左腕處，目視前方。在蓄勢的同時打開前出的通道（圖 3-31）。

發勢（足發身靜）

從下而上，足為先發，然後是腿，大臂和手腕隨即發出。兩臂交叉於胸前，做「擠」勢，右掌擠左腕。所謂足發身靜，手要遲。

「發」字，僅僅是全身鬆沉，足下發力，微微一動，並無明顯的身體位移（圖 3-32）。

放勢（股送臂出）

身體重心前移至左腿，雙手自然擠出做「放」，掌心朝前。足踏實不動，雙腿做左弓步的同時送出身、手，手掌的速度是身體速度和手臂伸展速度的疊加，為股送臂出（圖 3-33）。

圖 3-32

圖 3-33

擎勢（目出指粘）

接擠勢，左掌外翻做「擎」，左側手指、手臂、大腿、踝粘上拔高，眼光上挑，手指向上，雙手擎出。同時腳趾上節要有力（圖 3-34）。

攦勢（腹擁手攦）

接上勢做「攦」：身體重心下沉，鬆盪至前腳，歸中，落於左前腳掌魚眼處，腹部擁上前，前出的左手向回圈攦，同時左手掌外翻，右臂、右掌圈攦，掌心向內（圖 3-35）。

圖 3-34　　　　　　　　　　圖 3-35

黏勢（口轉手研）

接上勢，身體中下部微微後撤，肩臂保持不動，名為留連，向外碾轉左掌，撐小臂、保持腕不動，彎背、保持手臂少動，拱左膝，撐左胯，抓趾，保持大腿少動，在保持手腕少動的同時完成身體的後撤預動作（圖 3-36）。

引勢（頭帶全身）

身體做好向後的姿勢後做「引」，上身後退，中下身隨上身一起後撤，身腿開始時在退方向的前面領動，然後手超過身形成反盪（圖 3-37）。

圖 3-36　　　　　　　　圖 3-37

鬆勢（豎耳下樁）

接上勢，身體重心前移，腹貼前腿內側，內收前腿，身體下沉，做「鬆」勢，兩臂向下方盪起，掌心向下。腰、膝提起，身體下沉，雙手下按盪開（圖 3-38）。

開勢（手掃身開）

接上勢，身體下落到底，隨即彈起，身體重心後移至右腿，同時，雙掌在做「鬆」下落後，鬆沉的兩臂隨身而起，兩肩肩胛骨緊緊收攏，雙掌掌心朝下，收於兩肩前，呈下按狀。

全身打開，掌心後移至右腿，含胸收腹，目視前方。在蓄勢的同時打開前出的通道（圖 3-39）。

圖 3-38

圖 3-39

發勢（足發身靜）

從下而上，足為先發，然後是腿，大臂和手腕隨即發出。所謂足發身靜，手要遲。

「發」字，僅僅是全身鬆沉，足下發力，微微一動，並無明顯的身體位移（圖 3-40）。

放勢（股送臂出）

雙手自然按出做「放」，足踏實不動，腿做左弓步的同時送出身、手，手掌的速度是因腿而來的身體速度和手臂伸展速度的疊加，為股前送，兩臂放出（圖 3-41）。

圖 3-40

圖 3-41

3.右攬雀尾

接上勢，身體後坐並向右轉，重心移至後腿，左腳尖外撐；右腿上步邁出，成右弓步，右手掤出做「擎」，其餘動作與左攬雀尾相同，唯左右相反。如此左右交替循環練習。

4.收式。

略。

第三式　雲手

1.起式

略。

雲手（八勢）

2.左雲手（擎右手，鬆左手，發左手）

擎勢（目出指粘）
自然站立，身體重心移至右腿，身體漸向右轉。右手掌心朝外、左手掌心朝內，做「擎」：右側手指、手臂、大腿、踝粘上拔高，眼光上挑，手指粘掛於空中，雙手擎出。同時右腳趾上節要有力（圖 3-42）。

攏勢（腹擁手攏）
接上勢，身體重心鬆沉到右腳，歸中，落於右腳掌魚眼處，腹部擁上前，前出的左手向回圈攏，同時右肘外撐，右掌掌心朝外撐撐（圖 3-43）。

圖 3-42   圖 3-43

黏勢（口轉手研）

左腿向左平行邁出半步，身體中下部微微後撤，肩臂保持不動，名為留連，向外碾轉右掌，撐小臂、保持腕不動，彎背，保持手臂少動，拱左膝，撐右胯，抓趾，保持大腿少動，在保持手腕少動的同時完成身體的後撤預動作（圖 3-44）。

引勢（頭帶全身）

上身開始後撤，由頭帶動全身一起向左後方撤轉。左臂在身體後退方向的前面引動，右手掌心朝外，向外撐，保持不動（圖 3-45）。

鬆勢（豎耳下樁）

接上勢，身體左轉，做「鬆」：腹貼左腿內側，左腿內收，身體鬆胯下沉，左手下落於左小腿外側，腰、膝提起，身體下落。

同時，右掌掌心朝內，浮在原高度（圖 3-46）。

圖 3-44

圖 3-45

圖 3-46

圖 3-47

開勢（手掃身開）

身體落至最低點，隨即彈起，迅速向右轉身，站起做「開」：身體右轉，帶動左臂，左手在腹前自左向右橫掃打開。身體重心移至右腿，左虛右實，左膝朝前進方向撐開，在蓄勢的同時，打開力量前出的通道（圖 3-47）。

發勢（足發身靜）

接上勢，身體微微下沉，從下而上，足為先發，然後是右腿，左大臂和手腕最後發出。身體左轉，左臂帶左

掌，掌心朝內，向左劃出，右臂準備向右下方劃落，同時身體重心左移至左腿，左虛右實，右腳尖著地發力。所謂「足發身靜」，右足足底發力，身體左轉後即相對靜止，手臂略滯後而動（圖 3-48）。

放勢（股送臂出）

接上勢，足踏實不動，雙腿成馬步，重心左移的同時，送出左臂，左掌掌心外翻，左掌的速度是由右腿而來的身體速度和手臂伸展速度的疊加，為股由胯至腳腕，將左臂送出，右掌下落按於右膝外側。目視左掌前方（圖 3-49）。

圖 3-48

圖 3-49

3.右雲手

擎勢（目出指粘）

接上勢，身體向左轉，同時左手掤出，隨勢做「擎」：身體重心移至左腿，身體漸向左轉，左手掌心朝

外，右掌心朝內，左手手指、手臂、大腿、踝粘上拔高，眼光上挑，手指粘掛於空中，雙手擎出。同時左腳趾上節要有力（圖 3-50）。

攏勢（腹擁手攏）

接上勢，身體重心鬆沉到左腳，歸中，落於左腳掌魚眼處，腹部擁上前，前出的右手向回圈攏，同時左肘外撐，左掌掌心朝外撐撑（圖 3-51）。

圖 3-50　　　　　　　圖 3-51

黏勢（口轉手研）

身體中下部微微向右後撤，肩臂保持不動，名為留連，向外碾轉左掌，撐小臂，保持腕不動，彎背，保持手臂少動，拱右膝，撐左胯，抓趾，保持大腿少動，在保持手腕少動的同時完成身體的後撤預動作（圖 3-52）。

引勢（頭帶全身）

上身向右後撤，由頭帶動全身一起向右後方撤轉。右臂在身體後退方向的前面引動，左手掌心朝外、向外撐，

圖 3-52

圖 3-53

保持不動（圖 3-53）。

鬆勢（豎耳下樁）

接上勢，腹貼右腿內側，右腿內收，身體鬆胯下沉，右手下落於右小腿外側，腰、膝提起，身體下落。同時，左掌掌心朝內，浮於原位置（圖 3-54）。

開勢（手掃身開）

身體鬆落至最低點，隨即彈起，身體迅速向左轉身、站起做「開」：身體左轉，帶動右臂，右手在腹前自右向

圖 3-54

圖 3-55

左橫掃打開。身體重心移至左腿，右腿收回半步，成並步，右虛左實，右膝朝右撐開。在蓄勢的同時，打開力量前出的通道（圖 3-55）。

發勢（足發身靜）

身體微微下沉，從下而上，足為先發，然後是左腿，右大臂和手腕最後發出。身體右轉，右臂帶右掌，掌心朝內、向右劃出，左臂準備向左下方劃落，同時身體重心右移至右腿，右虛左實，左腳尖著地發力。所謂「足發身靜」，左足足底發力，身體右轉後即相對靜止，手臂略滯後而動（圖 3-56）。

放勢（股送臂出）

接上勢，足踏實不動，雙腿成馬步，重心右移的同時，送出右臂，右掌掌心外翻，右掌的速度是由左腿而來的身體速度和手臂伸展速度的疊加，為股由胯至腳腕，將右臂送出，左掌下落，按於左膝外側。目視右掌前方（圖 3-57）。

圖 3-56　　　　　　　　　　圖 3-57

4.收式

略。

第四式　倒捲肱

1.起式

略。

倒捲肱（八勢）

2.左倒捲肱（擎右手，鬆右手，發左手）

擎勢（目出指粘）

自然站立，身體重心移至右腿，身體漸向右轉，右手掌心朝外，左手掌心朝內，做「擎」：右側手指、手臂、大腿、踝粘上拔高，眼光上挑，手指粘掛於空中，雙手擎出。同時右腳趾上節要有力（圖3-58）。

攏勢（腹擁手攏）

接上式，身體鬆沉，鬆盪到右腳，身體轉正，重心落

圖3-58

圖3-59

於前腳掌魚眼處，腹部擁上前，左掌掌心朝內，攏於胸前，前出的右手向回圈攏，同時右手掌外翻外撐（圖3-59）。

黏勢（口轉手研）

身體重心微微後移，肩臂保持不動，右掌坐腕轉掌，順時針碾研，兩臂保持不動，弓背，保持手臂少動，拱右膝，撐胯，抓趾，大腿保持少動；在保持右手腕少動的同時完成身體的後撤預動作（圖3-60）。

引勢（頭帶全身）

身體重心後移，由頭帶動全身，一起向左後方撤轉。左臂在身體後退方向的前面引動，右手掌心朝外，向右外撐，保持不動（圖3-61）。

圖 3-60　　　　　　　圖 3-61

鬆勢（豎耳下樁）

接上勢，身體重心移至右腿，右腿內收，腹貼右腿內

側，身體鬆胯下沉，右掌下落、按於右小腿外側，腰、膝提起來，身體下落。同時，左掌掌心朝內，浮於原高度（圖3-62）。

開勢（手掃身開）

身體落至最低點，隨即彈起，迅速向左轉身，站起做「開」：身體左轉，撐左腳內扣，提右膝、右腳至左膝內側，帶動右臂，右手在腹前自右向左橫掃打開，掌心朝內，撐肘抱於胸前。身體重心落於左腿，左臂揚起，左掌停於左耳側，掌心朝前。在蓄勢的同時，為左掌打開力量前出的通道（圖3-63）。

圖3-62   圖3-63

發勢（足發身靜）

身體微微下沉，從下而上，足為先發，後是左腿，左大臂和手腕最後發出。身體右轉，右腳後撤，右臂帶右掌，下落掌心朝上，左掌準備向外推出，同時身體重心漸漸移至右腿，左腳尖著地發力。所謂「足發身靜」，左足

足底發力，身體右轉後即相對靜止，手臂略滯後而動（圖3-64）。

放勢（股送臂出）

足踏實不動，做左虛步的同時，左掌推出，掌心朝前，高與肩平，同時右臂帶右掌，下落於小腹前掌心朝上，手掌的速度是由腿而來的身體速度和手臂伸展速度的疊加，為左股送左臂出（圖3-65）。

圖 3-64　　　　　　　　　　圖 3-65

3.右倒捲肱

接上勢，身體左轉，右手隨左手掤出，做「擎」，其餘動作與左倒捲肱相同，唯左右相反。如此左右交替循環練習。

4.收式

略。

第五式　野馬分鬃

1.起式

略。

野馬分鬃（八勢）

2.右野馬分鬃（擎左手，鬆右手，發右手）

擎勢（目出指粘）

身體左轉，兩腳相平，雙手向左上擎起，左掌掌心朝外，右掌掌心朝內；左側手指、手臂、大腿、踝粘上拔高，目光上揚，手指向上領，雙手擎出。同時腳趾上節要有力（圖 3-66）。

攏勢（腹擁手攏）

接上勢，身體重心鬆盪到前腳，歸中，落於前腳掌魚眼處，腹部擁上前，前出的雙手向回圈攏，左掌掌心朝外，右掌掌心朝內；同時左手掌外翻外撐，右手掌圈攏（圖 3-67）。

圖 3-66

圖 3-67

黏勢（口轉手研）

接上勢，身體中下部微微後撤，肩臂保持不動，名為留連，向外碾轉左掌，撐小臂，腕保持不動，彎背，保持手臂少動，拱左膝，撐右胯，抓趾，保持大腿少動，在保持手腕少動的同時完成身體的後撤預動作（圖 3-68）。

引勢（頭帶全身）

接上勢，由頭帶動身體中下部向右一起後撤，左掌掌心朝下，右掌掌心朝上，做捋勢；身體和腿開始時在後撤方向的前面領動，然後手超過身腿形成反盪（圖 3-69）。

圖 3-68　　　　　　　圖 3-69

鬆勢（豎耳下樁）

身體重心移至右腿，腹貼右腿內側，右腿內收，身體鬆胯下沉，右掌下落，按於右小腿外側，腰、膝提起，身體下落。

同時，左掌掌心朝內，浮在原高度（圖 3-70）。

圖 3-70

開勢（手掃身開）

　　身體鬆落至最低點，隨即彈起，身體迅速向左轉身，站起做「開」：身體左轉，左腳外掰，左腿微蹲，身體重心落於左腿。提右膝、右腳至左踝內側，帶動右臂，右手在腹前自右向左橫掃打開，掌心朝上，收於左腋下，兩臂交叉於腹前；左臂在上，左掌掌心朝下，掩於右肩前，目視右前方。在蓄勢的同時，為右掌打開力量前出的通道（圖 3-71）。

圖 3-71a

圖 3-71b

發勢（足發身靜）

右腿向右前方 45°邁出，身體微微右轉，右臂以大臂帶小臂，使右掌向前發力（右臂、右掌均未展開）；同時，左臂下撐，左掌下按（右臂、右掌也未展開），身體重心漸漸移至右腿。

所謂「足發身靜」，左足足底發力，身體右轉後即相對靜止，手臂略滯後而動（圖 3-72）。

圖 3-72a　　　　　　　　　　圖 3-72b

放勢（股送臂出）

右腿前落，成右弓步，左掌下按，右臂向前橫出做「放」：足踏實不動，左掌按於左胯外側，右臂、右掌放出，墜肘，掌心朝上，高與眉平。

腿做弓步的同時送出手臂，手掌的速度是由腿而來的身體速度和手臂伸展速度的疊加，為股送臂出（圖 3-73）。

圖 3-73a

圖 3-73b

3.左野馬分鬃

接上勢，左手隨右手掤出，做「擎」，其餘動作與右野馬分鬃相同，唯左右相反。如此左右交替循環練習。

4.收式

略。

第六式　玉女穿梭

1.起式

略。

玉女穿梭（八勢）

2.右玉女穿梭（擎左手，鬆右手，發左手）

擎勢（目出指粘）

身體左轉，兩腳相平，雙手向左上擎起，左掌掌心朝外，右掌掌心朝內；左側手指、手臂、大腿、踝粘上拔

高，目光上揚，手指向上領，雙手擎出。同時腳趾上節要有力（圖3-74）。

攏勢（腹擁手攏）

接上勢，身體重心鬆盪到前腳，歸中，落於前腳掌魚眼處，腹部擁上前，前出的雙手向回圈攏，左掌掌心朝外，右掌掌心朝內；同時左手掌外翻外撐，右手掌圈攏（圖3-75）。

圖3-74　　　　　　　　圖3-75

黏勢（口轉手研）

接上勢，身體中下部微微後撤，肩臂保持不動，名為留連，向外碾轉左掌，撐小臂，腕保持不動，彎背，保持手臂少動，拱左膝，撐右胯，抓趾，保持大腿少動，在保持手腕少動的同時完成身體的後撤預動作（圖3-76）。

引勢（頭帶全身）

接上勢，由頭帶動身體中下部向右一起後撤，左掌掌心朝下，右掌掌心朝上，做捋勢；身體和腿開始時在後撤

| 圖 3-76 | 圖 3-77 |

方向的前面領動，然後手超過身腿形成反盪（圖 3-77）。

鬆勢（豎耳下樁）

接上勢，身體重心移至右腿，右腿內收，腹貼右腿內側，身體鬆胯下沉，右掌下落，按於右小腿外側，腰、膝提起，身體下落。

同時，左掌掌心朝內，浮在原高度（圖 3-78）。

| 圖 3-78a | 圖 3-78b |

開勢（手掃身開）

身體鬆落至最低點，隨即彈起，迅速向左轉身，站起做「開」。

身體左轉，左腳外掰，左腿微蹲，提右膝，右腳至左踝內側，帶動右臂，右手在腹前自右向左橫掃打開，掌心朝內，撐肘抱於腹前。

身體重心落於左腿，左臂收於左肋側，掌心朝前，目視前方。在蓄勢的同時，為左掌打開力量前出的通道（圖3-79）。

圖 3-79a　　　　　　　　圖 3-79b

發勢（足發身靜）

右腿向右前方 45°邁出，身體微微右轉，向上架右臂，左臂、左掌發力向前，同時身體重心漸漸移至右腿。

所謂「足發身靜」，左足足底發力，身體右轉後即相對靜止，手臂略滯後而動（圖 3-80）。

圖 3-80a　　　　　　　　圖 3-80b

放勢（股送臂出）

右腿前落，身體重心前移至右腿，成右弓步，右臂架起，右掌高於額頭，掌心朝前，同時，左掌穿過身體，自胸前推出，掌心朝前，做「放」。

足踏實不動，腿做右弓步的同時送出身、手，手掌的速度是由腿而來的身體速度和手臂伸展速度的疊加，為股送臂出（圖 3-81）。

圖 3-81a　　　　　　　　圖 3-81b

3.左玉女穿梭

接上勢，左手隨右手掤出，做「擎」，其餘動作與右玉女穿梭相同，唯左右相反。如此左右交替循環練習。

4.收式①

略。

■ 行功練習的三重境界

從太極行功的基本形態與結構來看，行功的練習可以分為三個階段和層次，故也可以稱之為三重境界。

樂傳太極行功從眾多太極拳的姿勢動作中精選了最為普遍、最具有代表性且易於單式獨立練習的 6 個動作姿勢，整編為太極行功的基本形態和內容。其架式形態要求以動作舒展、清晰、鬆放的傳統楊式太極拳的拳架作為基礎，並採用單式散手的練習形態，進行反覆練習。

太極行功的練習不受場地大小的限制，可以隨意地酌情調整和變換。為了便於廣大初習者透過太極行功的練

---

① 關於行功八勢照片的特別說明。
第一，太極拳每個動作都有一呼一吸、一開一合、一蓄一發的過程，八勢正是對太極拳每一個動作過程做出的十分細微的要領性的描述。
第二，八勢依然是以「擎、引、鬆、放」四勢（四象）為核心，在「擎」和「引」之間加入了「攏」「黏」二勢，在「鬆」和「放」之間加入了「開」「發」二勢。動作變化十分細微（主要在身體內部的轉換），卻非常關鍵，不仔細觀察，可能幾乎看不出動作姿勢的差異。拍照片時，為了讓讀者看清楚每勢之間的變化，動作可能略顯誇張，準確過程可以參考本書附錄中的視頻資料。

習，儘快掌握和體悟太極拳的要領與精髓。特將本套太極行功的練習方法分為三個階段和層次。

基本動作及步法的練習階段

該階段要求習練者能基本掌握太極的基礎站樁、準備活動、起式、收式、基本步法以及太極行功 6 個單式的基本動作。

在這個階段，動作比較像太極操，簡單、直接。階段性要領的重點是掌握動作的基本路線軌跡、行走方向和步法。由於這些動作比較簡單，即便是沒有任何基礎的學員，通常在 18 個學時內也可以基本掌握。

行功八勢的入門練習階段

在熟練掌握第一階段行功基本動作的基礎上，即可開始按照太極拳行功「八勢」的要求進行練習。

該階段是學習和掌握太極拳之精髓，真正瞭解和體會太極之「陰陽相濟」「相生相剋」的階段。此階段的學習者基本上可以分辨並掌握每個動作中的陰陽虛實，同時，把身上的各張「弓」逐步拉開，由淺入深地學會蓄勢、蓄勁，體會和實現動能與勢能的相互轉換。

這也是練習太極拳真正入門的最重要和關鍵的階段，「八勢」的練習正是太極拳入門的一個門徑，也可以稱之為「捷徑」。

因為許多有關太極拳的經典論著和拳經都十分精闢地論述了太極拳的理論和要領，但是並沒有給出掌握該理論與要領的具體方法。「八勢」用 8 個字及其口訣、練法要

領，準確地描述了太極拳一招一式的動作過程及其細節。「八勢」就如同將時間軸拉長、放慢，向初習者詳細講述每一個動作過程的細微之處和特徵要領。

該階段的練習也可以分兩步進行。

第一步，可先完成「八勢」練習的基本動作，對其要領有初步的印象。

此時不必強記「八勢」每字的練法口訣和要領，先掌握「八勢」動作的整體輪廓。這個階段非常重要，需要習練者改變以往的動作習慣，特別是身體與四肢動作的相位變化，這恰恰是學會蓄勁的關鍵。

第二步，要認真熟記和領悟「八勢」的口訣及練法要領。

行功的每一式都要嚴格按照《太極每式八勢印合八卦演序表》進行練習，認真體會每勢的過程及用意。熟練後，更可對照此表體會「八勢」過程中所對應的陰陽五行及人體經脈之變換。

這一階段行功八勢的練習，要求拳架撐足，動作飽滿到位，氣勢磅礴。拳速略快，動作到位即走，不拖沓。可以說第二階段是對第一階段太極操的顛覆。這也是比較吃功夫的階段。「足泵」將充分調動全身之氣血，鍛鍊 10 分鐘後，心臟似有欲跳出身外之感。

行功八勢的柔化練習階段

如果把「八勢」入門階段的練習看作「武拳」的話（因為其動作舒展、張力十足，而顯得氣勢十分威猛，不像一般所見

太極行功（文拳）

的太極拳），那麼在柔化這個階段則要求將張揚的外形去掉，把勁力柔化內斂，逐漸收起來，練成外柔內剛的「文拳」。將「武拳」中「八勢」動作舒展的大圈柔化收斂為小圈，注重意念與氣血的運行，正所謂「意氣君來骨肉臣」。

在這一階段，重點已不再放在動作的外形上，而是將四肢的動作儘可能柔化到身體軀幹，轉化為內在整體的協調配合，做到「鬆而有力」，神情內斂，同時「八勢」之內涵要領卻愈見深刻。

行功經過第二個階段，可以明顯地把太極拳中的陰陽分清楚，由蓄勢與發放，把身上的弓拉開。到了第三個階段，則是把外形上的張揚轉化為內斂，把表現出的飽滿剛勁轉化為圓柔——即「百煉鋼」化為「繞指柔」，注重於一呼一吸之間，真正做到陰陽相濟、「鬆而有力」。

完成行功三個階段的練習後，再著手於太極拳套路的練習，相對而言，將會比較輕鬆自然、得心應手了。

太極行功三階段的練習，恰恰可以讓習練者在這一過程中初步體悟武道修行中禪武合一的三重境界。

第一境界：「見山只是山，見水只是水。」「一拳就是一拳，一腳就是一腳。」

第二境界：「見山不是山，見水不是水。」「一拳不再是一拳，一腳不再是一腳。」

第三境界：「見山還是山，見水還是水。」「一拳還是一拳，一腳還是一腳。」

在這三重境界的修練中，可以說每個階段的否定，都是對前者的超越。

值得一提的是，太極行功中「武拳」和「文拳」的習練，既可以看作兩種不同的修練境界，也可以看作兩種不同的習練方法。「武拳」偏重於身體動作、勁力的修練，此時的表現不僅在於動作的飽滿，更需要運勁於肢體動作中；「文拳」是在「武拳」的基礎上由動作過渡到精神，此時的表現在於意在動先，意動身自隨。

在熟練掌握後，兩者亦須兼顧、交替練習，這樣非常有助於整體水平的提高。

太極行功的練習還有一大特點。由於行功是單式、散手，而不是套路的形式，故而練習者無須記憶套路中繁瑣的動作順序。

每個單式可以根據場地環境和自己的意願隨意變化，也可以將各個單式進行隨意組合、轉換，隨機變換方向和步法，步隨身換，式式相連，進退自如。也可以自設「假想敵」，自由進退，隨心所欲，即興而為。

這種練習可使太極拳習練者鞏固實戰運用中的步法、身法，提升其身體綜合素質，包括距離感、判斷力、靈敏性、靈活性與適應性等。

行功是太極拳快速入門的敲門磚。「三重境界」的修練在太極拳整體修習中十分重要。

樂傳太極最具特色之處就是強調了第二階段中「八勢」的練習，以及「八勢」練習中的下樁練拳，從而使該階段練的拳最有張力和氣勢，也是最吃功夫的階段，在這一階段一定要把身上的每張「弓」拉開。

在完成行功練習以後，開始練習套路或推手時，也同樣要有拉開架式、下樁練「八勢」的過程，只有這樣才能

將拳中的陰陽相濟與蓄發收放練出來。

　　然後，在此基礎上進入第三階段，練「文拳」，將外力去掉，內斂起來，注重意氣、呼吸與內力。練拳多年後，即使到了能熟練打文拳的時候，依然不能放棄「武拳」和「八勢」的練習，應當保持並不斷鞏固「武拳」的功底。乃文乃武、陰陽相濟、知雄守雌、知白守黑，此四者缺一不可。

太極行功自由組合

樂傳太極拳的修練

　　從原則上說，樂傳太極拳算不上是一個武術門派。因為樂傳太極始終是以楊式太極拳和李傳太極拳（北方稱武式太極拳，在南方，董英傑傳承的是李香遠所傳的武禹襄武式太極拳，故稱李傳太極拳）為拳理拳架，遵循歷代拳師之傳承，並未創拳自立門戶。

樂傳楊式太極拳

李傳太極拳

　　如果一定要對其定位，應說是一個文人武修的法門，和明代中葉的王陽明心學有幾分相似。

　　二者的根本目的皆在於幫助或引領修習者領悟中國傳統文化的核心，同時都側重於用佛學釋解，而不建立學派，對世俗的權、名、利無所希求，更注重個人修養。

　　樂傳太極拳以中國傳統文化為著力點，以太極拳術為修練方法和檢驗手段。從個人修練的角度，是以禪宗為修性心法，以太極拳為修命手段，以儒學為應世準則。

　　師者，傳道、授業、解惑也。中華文化學人對一切聖賢的應有態度，無他，老師耳。樂傳諸師將佛家思想融於習拳之中，強調練拳「以修聖賢、證大道為目的，故所傳諸法以心法為第一，身法第二，練法第三」。

　　遵循這一原則，以下就從不同的角度和議題逐一展開，先談練法、身法，漸而涉及心法，循序深入。

■ 身形諸要素

身體內外分為三層。

第一層是外圈，是肩圈、胯圈的組合；

第二層是中圈，是肺廓、腰腹、胯骨的組合；

第三層是內圈，是由囟門、天突、命門、尾骨尖對直組合而成，也叫作中脈。中脈在形與意之間而偏意，練出中脈也就入了「意」之門，可以說，有「意」之後形諸中脈，進而引帶內動（中圈），所謂「內動不令人知」。

肩　圈

手、小臂、肘、大臂、肩、肩胛的組合，肩胛骨在後面合攏，使得左右肩臂形成一個整體，為肩圈。

胯　圈

腳、踝、小腿、膝、股、臀的組合，臀瓣合攏，使兩腿成為一個整體，為胯圈。

身體五弓

肩圈是第一張弓，是近圓的弧形，形成彈性體而蓄勁；胯圈是第二張弓，與肩圈相似，形成弧形彈性體而蓄勁；軀幹是第三張弓，脊柱的生理彎曲加腰腹肌肉群形成彈性體，加大生理彎曲就是蓄力方法；肩胯的外圈和軀幹中圈之間形成第四張弓，二者因方向不同，形成彈性扭力而蓄勁；第五張弓是內圈中脈和中圈軀幹之間的差動，意動而身未動，先意動而後身動，以身意的時間差而蓄勁和

意。

　　此五弓，前四弓是勁力的蓄發，第五弓則在勁與意之間，此即「內動不令人知」。太極行功中八勢的練習正是拉開身體五弓最直接的訓練方法，而練出中脈則標誌著觸摸到修心、練意的法門了。

■ 氣脈的修養

　　樂傳太極拳修練氣脈的原理就類似練形體以通氣脈。只要形體不折彎阻塞氣脈，氣脈本就是通的，所謂「復歸於嬰兒」。通暢後方好加大力度練拳，而讓氣脈高速運行的方法就是下樁練拳。

　　拳經有「全身意在精神不在氣，在氣則滯。有氣者無力，無氣者純剛。氣若車輪，腰如車軸」，是說拳修在於修練精神，不在氣，但又說「氣若車輪，腰如車軸」，可見「不在氣」不是不用氣脈，而是不尋求氣感。氣脈練好了應該是無感的，雖無感卻又具備不小的作用，會讓人感到推不動、拉不動、跑不了。拳是不能等自身的感覺的，伸手有則練到，沒有則繼續努力。

　　修氣脈的入門方法就是站樁，樂傳太極的樁功以身靜、氣脈通暢為目標。

　　從氣脈有些堵塞，到氣脈比較通暢這個過程，感覺會比較明顯，但基本通暢後應該沒有明顯感覺，這是因為通暢久了就變為順理成章的狀態。

　　具體到氣脈的用法，則是所謂「腰脊是第一主宰」，拳經有「心為令，氣為旗，腰為纛」，舉例來說，揮舞旗

子不是拽旗面，要舞旗杆才行。

■ 拳架的修練

拳架是由擎、攔、黏、引、鬆、開、發、放八勢入手，練得招熟後，則彌合擎、攔為擎（由進轉準備退的向前上半弧），彌合黏、引為引（退前蓄勢及退的向後下半弧），彌合鬆、開為鬆（由退轉準備進的向後上半弧），彌合發、放為放（進前蓄勢及進的向前直去），是為八卦轉四象；對於楊式拳，擎、鬆為蓄，引、發為發，是為兩儀（楊式拳的蓄、發性質唯一，但發的方向有向前、向後之別）；蓄發之間的那一線時機為太極，太極是將動未動、念存未發，人不可能常處於太極狀態，人體應常處於蓄三分的狀態。

這個階段初有成就的表現應該是「鬆而有力」。鬆不是懈，而是蓬鬆，像一串葡萄，每一顆葡萄珠都有果蒂連接；鬆不是不用力，而是保持三分勁頭。推手中鬆而有力的表現是，周身放好，讓對方用力推，己方僅需保持空鬆狀態，但對方會覺得用了很大力氣也推不動，而己方則覺得對方沒怎麼用勁。

「四兩撥千斤」常被理解為自己用四兩的力量就可以化解掉對方的千斤力，這種解釋有些想當然，其真正含義正如樂匋先生所說，四兩撥千斤，就是鬆而有力，自己沒用什麼力，但令對方覺得不可抗拒。

樂傳太極拳中，「鬆」不是一個完整的概念，「鬆而有力」才是一個完整的概念。

　　此為拳架的功用，為得勢，全身一個整勁，可以說就是練身有所成的表現。佛學中有「轉眼耳鼻舌身為成所做智」的實修法，拳架有成可以看作初轉身識。

■ 拳意的修練

　　太極拳中叫作得機，為蓄滿之勢而尋機。得機的入門訓練法是練聽勁。聽，不是用耳朵，也不是用皮膚觸覺，而是應用身體的所有感應器官。最高明的聽勁是心靈感應。彼起我應，隨機應變，示之以虛，開之以利，後發先至，都是描述身意完美相合的境界。

　　樂傳太極的修拳意建立在澄靜心靈的基礎上，情緒、慾望削減到一定程度，有了一些靜定的感受，拳意自然會顯現。大致的原理是當心意中的背景雜音降低到一定程度以後，才能感覺到外面的微弱信號。人的感知系統是很靈敏的，比如在街上你盯著前面一個人的後腦勺看一會兒，往往他會莫名地回頭看你。這就是拳意的原理，內心寧靜而後有感而已。

　　太極拳的聽勁有成就的表現就是能「攏手」。所謂「攏手」，是心身收斂到一定程度後，對敵時微微帶有一些吸引意思的力道。

　　樂幻智老師說：「靠手易，攏手難。當輕敷，靈敏隨其轉動，不即不離，敵難進矣。」

　　佛法中有「轉意識為妙觀察智」的修法，在拳中「攏手」運用純熟就可以視為初轉意識。

■ 以武修道

中華武術基本是在兩個層面運作：拳架有成，蓄發自如，體悟整勁，就可以說有了武「術」的成就——可以成其所做了；沉著應對，揮灑自如，脫離瞋目而語難的外相，就可以說成就了武「藝」——善觀諸法自相共相，無礙而轉。達到後一階段之後就可以由武相而談武道了。

樂匋先生在《恭仰董太老師拳像記》中描述董英傑老師的拳相：不使力而勁聚，不添意而勢滿，似無心而成拳，似有拳而竟空。這描述的就是修命達到極高水準的外相表現，亦即佛法中的轉識成智。

道，不妨解釋為對生命，對人類社會，對日月、地球、生命圈的深刻理解，生命本身、自然界、社會都是所謂的「複雜系統」，有著共同的內在規律，從三者之一入門，走到一定程度以後會融會貫通。武道，是從更簡潔的肢體複雜系統入手，進而逐漸理解生命複雜系統。從這個角度練太極拳，就可以稱之為「文化載體」了。

武道入門可以說是以開始修練下意識為標誌，武道有成就，則得身禪定。

樂幻智老師說：「要在心底用功夫。」就是說要練到下意識地符合規矩，二十四時皆在如如靈靜之中的境地。

■ 規矩的習養

佛法中的規矩叫作戒律，佛法有五戒「殺、盜、淫、

妄、酒」，儒學中有「君子遠庖廚」，孟子曰「可以取，可以無取，取傷廉；可以與，可以無與，與傷惠；可以死，可以無死，死傷勇」。

　　這些規矩同樣可以看作戒律，遠庖廚是見其生不忍見其死，見其死不忍食其肉；為廉則可以不取，為惠則可以不給與，為勇則不可傷害自己。

　　拳的規矩更加具體，拳架是規矩的集合，就是身戒。不僅是太極拳，所有中華武學均是從規矩開始修練的，如「坐如鐘，走如風，站如松」等。

　　拳的每一個姿勢就是一個符號，拳到高級階段是行雲流水、連綿不斷，也就是說拳的符號不是靜態的，是動態且連續的。形成並保持連續的符號就需要行住坐臥、思維方式都符合規矩，這也就是戒律──身心均包含在內的戒律。二十四時均在規矩中，名為持戒；從心所欲不踰矩，可說是持戒有成了。

▊ 智慧的修習

　　智慧，即知世俗道理叫作智，通曉究竟真理叫作慧。真理是佛學的說法，道家叫作道，儒家叫作明德。三教合一就是佛、道、儒三個哲學體系，對同一個「事物」在不同方面的理解而已。

　　世間道理並不是指數理化等知識、技能，這些知識、技能是工具，所謂世間道理大致包括自然界（天體運行、生態圈）、人類社會、生命運行。現代科學發展到現在有

一個新興的科學門類——複雜系統[1]，這個概念可以用來說明研究世間道理的原理和方法。

中國擁有研究複雜系統的獨特工具——八卦和五行理論，一種多元素耦合系統。八卦和五行理論可以說是多元素耦合系統的數學模型，是可重複模仿和用於計算的工具，由這個工具可以很好地培養對複雜系統的洞察力。當洞察力培養到足夠整體理解複雜系統的潛在秩序後，就能夠比較容易地演繹到所有複雜系統。這就是複雜系統的研究認知方法。

道，可以近似地認為是一種由各複雜系統組成的超級複雜系統，認知「道」的方法就是找一個中等大小的複雜系統來研究，比如生命系統中的肢體系統——武術。這大概就是以武修道的原理了。

太極拳本身就是「無極生太極、太極生兩儀、兩儀生四象」這個概念的具體應用，但其理論體系並不完整，僅演繹到掤、引、鬆、放四象，拳經中基本上是個人修習經驗，並沒有講清楚基本原理，也沒有應用五行理論。

樂匋先生用八卦理論完整地分析太極拳的動作，演繹掤、引、鬆、放四象為掤、攦、黏、引、鬆、開、發、放八勢，對應八卦，身體分上、中、下三節，以對應三爻，八勢中身體各部位動作對應八卦爻象。如掤勢，對應離卦，爻象為上下陽中陰，則拳中做掤勢時上下動、中靜，

---

① 複雜系統：具有中等數目，基於局部訊息做出行動的智能性、自適應性主體的系統。特徵是元素數目很多，且元素之間存在著強烈的耦合作用。兩個以上的事物之間如果存在一種相互作用、相互影響的關係，那麼這種關係就稱「耦合關係」。

那麼就是臂手、腿腳為主動，身體被動（被腿腳帶動向前），拳勢形之於目，目出指粘、上爻粘（眼睛遠望，手指提上拔高），趾要實，等等。完整地把八卦理論應用到太極拳中，並在擎後加起、攦後加定組成十節，對應五行生剋，使得推手也變得有跡可尋。

　　樂匋先生在先人基礎上演繹的《太極每式八勢印合八卦演序表》可以說把太極拳和推手都引入了數學模型中，使得後學可以比較容易地由這個數學模型體悟到太極拳的精髓，進而迅速找到修道門徑。

■ 精進治懶惰

　　所謂「不雜曰精，無間名進」，無間，即不間斷。

　　對於拳來說，二十四時皆在收斂身心之中，行住坐臥、一舉一動都符合拳的規矩，拿杯子喝水都保持肩、肘不彎曲成銳角的姿態，並且把這些規矩融合在習慣之中，不守而不離，從心所欲不踰矩。這是武修的主要精進方向。

　　精進守矩並不是一件痛苦的事情，逐漸修有所成後，守矩反而能讓自己感到充實、完整、心寧體順。

■ 忍辱與嗔恚

　　嗔恚是血氣充足之人常見的一種情緒，而且控制起來比較困難。忍辱是對治嗔恚的方法。

　　忍辱並不是唾面自乾，更不是人家打你左臉，你再把

右臉湊過去，這樣的忍辱是求名之心太重以致出賣尊嚴。

忍辱應該是在你不滿意的時候忍心不起——攔住自己的情緒萌芽，不讓負面情緒遮蓋了聰明才智。在情緒初顯時就要警醒，情緒鼓盪起來後會引起身體激素的變化，這樣平復情緒就變得很困難了。

喜怒哀樂愁恐，皆為情緒，都有可能引起激素變化而致盲目，不要以為喜樂是正面的，其實喜樂更容易讓人失去聰慧。讓情緒在一個合適的幅度內波動，那麼這個人就是活潑的，「喜怒哀樂之未發謂之中，發而皆中節謂之和」。修練情緒的目的是能利用情緒。

忍辱不是容忍罪行、錯誤，而是要不起嗔恚，不被情緒影響了思維，讓我們能夠從容地應對、處理生活中的問題。

打手、推手中，對方過來，可以看作一種犯——冒犯。保持己心空靈，順勢應對才好，無形無象全體透空，應物自然西山懸磬。

■ 捨放與貪法

修練有所心得後要反思，是否有些貪法。學傳統文化的學人，無論是學文還是學武，都有些「秘訣情結」，如相信「真傳一句話，假傳萬卷書」。這樣其實是把中國文化看「小」了，中國文化博大精深，不是偷聽到一段口訣就能有所成就的。修養身心、轉變氣質可以說是一項超級大的工程，想要大成恐怕要用五十年，但這也是文化修養的魅力所在。

　　對法的貪婪求索會導致精力集中在外界，而不是在修己練身上；對法吝惜，不肯告訴他人，則是對法過於看重。

　　「法做筏喻，用後即捨。」如果不肯捨去成法，則基本上是淤塞在此法處很難進步了。修練當如樂幻智先生說：「不留戀好風景，一到就走。」

■ 禪定治散亂

　　《六祖壇經》說：「外離相為禪，內不亂為定。」

　　修定一般從心、身兩方面入手，如果能持戒有成、喜怒中和、貪慾輕微、二十四時收斂身心，那麼不用求定自然不散亂，此為心禪定。

　　拳架本身就是修身定的最好方法。身定，就是身不亂，不是靜止不動，而是動起來依舊不亂、有規矩。

　　持規矩久而熟之又熟，逐漸可修持到下意識，即習慣性地不離規矩，不再用意識管束使之遵守規矩，即是所謂離相。離規矩相而心不管束，規矩戒條均無形跡，叫作身禪定。

　　身禪定可以說是必在心定的基礎上實現，持戒是從意識管束開始的，心的修持不足，則被情緒、貪心所動，身體便無法守規矩，也無從修練到下意識。

　　所以，身禪定在心禪定達到相當程度之後才能顯現效果，或者說有所成就必定要身心禪定。

■ 無為無不為

無為是不造作，不是不做事情，而是緣來則應，隨緣好去。推手就是行無為事，不得已和有緣人有個交集而已，應緣而隨其好去，無輸贏成敗，喜怒哀樂未發。推手的目的，一在於為有緣展示我之心境，二為檢驗自己修習之成果。有輸贏之念、有高下之念，皆落下乘。

老師曾說：「拿得起屠刀，才算放下，否則是拿不起來。」但樂傳太極修練有成後，即便拿起屠刀也無法用這把刀害人，因其功夫來自於內心的清靜無為，起傷害心後便脫離禪靜，所有從清靜而修習來的功夫皆歸於零。

自練拳起，「每練前默願要打掉眾生一切黑業」，強調起心動念，只要一念為己就是不對。

■ 動若江河與無所住心

楊澄甫先生《十三勢行功心解》註釋中解釋：「靜如山岳，動如江河。」

靜如山岳，言其形沉著不浮，一靜無有不靜，如山岳屹立，所謂神宜內斂是也；動如江河，言其動作之波動不停起伏相間，如江河之滔滔不絕，所謂意氣宜鼓盪也。

《金剛經》有：「應如是生清淨心，不應住色生心，不應住聲香味觸法生心，應無所住，而生其心。」「過去心不可得；現在心不可得；未來心不可得。」惠能大師在《金剛經口訣》中解義：「過去心不可得者，前念妄心，

瞥然已過，追尋無有處所；現在心不可得者，真心無相，憑何得見；未來心不可得者，本無可得。習氣已盡，更不復生。了此三心皆不可得，是名為佛。」

綜合上面幾段文字，以太極拳修佛法的門徑就顯現出來了，拳架中「靜如山岳，動如江河」就是「應無所住而生其心」的入門修法，如此高深的佛學理論，其修練法也「不過如此」。

然而拳架又「如」江河、「如」山岳，大河流水是連綿不斷、氣勢磅礴，山岳是沉著寧靜、巋然不動。拳則是斷連頓隨皆存，但要斷而復連，形斷意不斷；頓而後隨，形頓勢張。

能做到如此則就是更進一步了——「應無所住而生其心」是生有其心的，但要無所住，同時也不住在「無所住」上，斷連頓隨皆存。當動則動、內心寧靜，當止則止、靜中蓄動，只需你不住，不需你流動。因本心本無住，你不住則自然恆流，你若動則住於流動，蓋因本心無善惡、無損益，在無住時亦本如不動。

太極拳，尤其是樂傳太極拳，是中華傳統文化的載體和實驗手段，從佛法的角度看，幾千年前形成的經書，去聖日遠，其核心理論很難找到一個貼合現代實際的方法去修習以領悟。

樂傳太極拳正是由此應運而生，把太極拳這種具體而精微的能被大眾理解、接受的形式與佛法結合，並近乎完整地詮釋高深佛法，提供由淺入深的修習路徑。

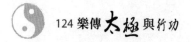

第二篇

樂匋經典拳論

人體之陰陽相濟

> 莫辜負：四圍香稻，萬頃晴沙，
> 　　　　九夏芙蓉，三春楊柳。
> 只贏得：幾杵疏鐘，半江漁火，
> 　　　　兩行秋燕，一枕清霜。

　　此乃清乾隆年間昆明寒士孫髯翁為大觀樓所撰 180 字長聯的上下聯結句。偶試之以喻練拳，居然甚是妥切。

　　上聯寫空間風光：身體四周滿是散發著清香的稻禾，手腳似不太好也不方便從外掃劃，只能中心縱向抽絲吐芽和蠕動（「無形無象」的起點）；遍體各處，每個毛孔和細胞都沐浴在冬日溫暖的陽光下，充滿著睿智與活力（「全體透空」的基礎）；軀肢的關節肌筋依次按 3 個卦爻組現三三於九的蓮花開放時節（「虎吼猿鳴」的盛景）；各組三爻的體段都像柳枝一般柔順婀娜，以能連綿、均勻和全體協同地精確動作（「水清河靜」般明淨）。

　　下聯寫時間順序，進退之先；先豎起耳朵，聆聽身後遠處隱約的鐘聲，這樣上下拎空豎起；自然地導致體內中部與陽側外肩胯摺疊靠攏，靠向一邊；陽側靠攏的結果使陰側外肩胯向外斜向展開，連同手腳，從側面看來形同雁陣；陰外肩胯向外盪開，解放了底椎與頸椎，使椎骨舒展靈活，頭自然地通過枕骨引領尾骨相對於陰肩胯反向旋動，使尾骨指向陰側腳踵；同時前面陽外胯自然升起，陽

外肩自然下沉，使恥骨照看到陽側腳踵（前進時身的臍尾與雙腳同方向，後退則為側向）。

所以①「疏鐘」②「半江」③「兩行」④「一枕」依次各是前面的結果，又是後續的原因，即①生出②，①②生出③，①②③生出④，①②③④發展到極致，經過左右陰陽轉換又生出下面的①②③④。四者自然演變，順遂流暢，自無勉強之處。「清霜」意指時境變遷，要「一到就走」（師言），莫要留連好風光。少時聽長途挑夫暑日歇腳時自言自語：「涼亭雖好，非久留之地也。」

何以 200 多年前文者孫髯翁寫的聯句，能夠如此細緻貼切地描述練拳呢？原因大概在於，王亦令師弟曾問老師：「太極拳始自何時？」答：「自堯舜禹湯文武周公，就有此拳之勁。」此即太極勁或內勁。

想古聖先賢各以其制歷禪讓、孝至善任、疏水平土、演卦聚勢、弔民伐罪、吐哺歸心等仁德之行績，闡發了「順應敬畏天地人心，從明心修身到安內容外的一種尊卑有序、自內而外、謙平和順、由己及人、張弛有節、綿綿正道」的理路，成為歷代傳承和發展的主流。

記李蓮寶師兄曾 3 次問：「太極拳怎樣算是練好了？」師次第答曰：「太極者用力均也；鬆而有力；身上各處都合理。」平易近人，不似一般習武者常有的霸勇氣息。「太極拳」的名稱當是始自宋代張三豐祖師。按同代宋氏家傳《太極拳源流支派論》稱唐代許宣平已有太極功傳之宋氏，又記當時俞氏太極功稱先天拳，係唐李道子所傳云。近代太極拳以楊傳、陳傳、吳傳、李傳（武禹襄、李亦畬、郝和、李香遠）及蔣傳（蔣發的趙堡架）等較

多，加上其他拳種，故雖名稱架式各異，然其勁理當是與古聖先賢之道同出一源的。

師告亦令：「要從心底用功夫。」又講：「大道若夷，矯奇詭譎，不合情理者，必非正道。平易近人，平正通達，雖不中亦不遠矣。」「只要自己感到前面路程很長，學程尚無止境，即是大道。感覺已經到頂，說明已入小路。」「要辨別起心動念是為人還是為己，一念為己就是不對，此亦是辨正邪的尺度。」

《易·坤·文言》：「君子黃中通理，正位居體，美在其中，而暢於四肢，發於事業，美之至也。」孔孟認為：「智者事前敬懼，事後坦蕩；愚者前無忌憚，後增慼慼。」老氏言：「知白守黑，知雄守雌。」釋氏大意謂：「覺者畏因不畏果，迷者畏果不畏因。」湛愚謂：「不依一切，自作主張。」李道子口訣：「無形無象，全體透空。應物自然，西山懸磬。虎吼猿鳴，水清河靜。翻江播海，盡性立命。」

拳經有「先在心，後在身」「一舉動周身俱要輕靈，尤須貫串」「氣以直養而無害，勁以曲蓄而有餘」「極柔軟然後極堅剛，能呼吸然後能靈活」「陰陽相濟，方為懂勁」等言。孟子曰：「志，氣之帥也：氣，體之充也。夫志至焉，氣次焉。持其志，無暴其氣。」「吾善養吾浩然之氣。其為氣也，至大至剛，以直養而無害，則塞於天地之間。是集義所生者，非義襲而取之也。」文天祥曰：「天地有正氣，雜然賦流形，下則為河岳，上則為日星，於人曰浩然，沛乎塞蒼靈。」南懷瑾講「行行重行行」，「收縮身心，改換氣質，轉變心性」。余叔岩講：「尺寸

第一位（節奏），氣口第二位（蓄勢），勁頭第三位（發放）。」

上述種種記述，皆可歸入中華民族傳統文化的內涵之中。「太極勁或內勁」也可認為是具有普遍性的傳承之一。作為歷史上傳世的文學佳作和現今各種鍛鍊身心的普及藝術形式——太極拳及其他傳統鍛鍊，兩者之間具有類同的文化內涵，能夠自然地有所溝通，則是順理成章的了。

■ 陰陽與練拳鍛鍊

相傳我國上古時期，伏羲氏創始用陰（--）和陽（—）兩個符號畫八卦，之後逐漸形成了卜筮的學術——易經，如殷人幾乎事無大小都用卜筮來決策。「後經過周文王（包括周公）的整理和注述，令其從卜筮的範圍進入『天人之際』的學術領域，由此《周易》一書便成為中國人文文化的基礎。

自東周以來，再經過孔子的研究和傳述，同時又散為諸子百家學術思想的源泉。『易』字，便是上日下月的象形。《易經》學術思想的內涵，也便是說明這個天地之間，日月系統以內，人生與事物變化的大法則」（南懷瑾《周易今譯》敘言）。

既然《易經》是中華人文文化的基礎和源頭，而太極拳和各種鍛鍊裡面的太極勁（內勁）也是這種文化內涵的傳承之一，因此，設想用陰和陽這兩個基本工具來進一步驗證和理解太極拳鍛鍊，在方向上應是可行的。

■ 身體分陰陽

如想用陰和陽來描述練拳鍛鍊，首先要從身體各個部分和運動的狀態來判分何為陰何為陽，再進一步探討如何做到「陰陽相濟」和「身上各處都合理」等要求。看來身體上有些部分像是固定為陰或陽，不隨運動方向而變化的。比如，軀體和四肢都好似三層套筒狀結構，內裡的芯恆定為陽，最具能動活力；中間層恆定是陰，柔軟隨和；外層有陰有陽，如四肢外側恆定為陽（與中間層異性相吸，顯得緊繃），四肢內側恆定為陰（與中間層同性相斥，顯得鬆弛）；至於軀體，則前胸、腹恆定為陰，後背、臀恆為陽；還有頭臉，臉前面恆陽，頭後面恆陰；最後是頸項，前恆陽，後恆陰。

其陰陽隨運動方向而變化的是身體（包括頭和頸）的左右側（含左、右肢），根據運動方向來判別是陰或是陽：不論前進或後退，都是動向側為陽，動背側為陰。董太老師言：「若言攻腿為實，後腿為虛，則錯矣。」「意氣之換法，猶如半瓶水，左側則左盪，右側則右盪。」師言：「弓腿時，注意於後腳；坐腿時，注意於前腳。」這裡都講的是：前攻時，前腳為虛，後腳為實；後坐時，後腳為虛，前腳為實。

換言之，即前攻、後坐都是注意於陰腳，體內自成左右之鼓盪。此乃「只問耕耘，不問收穫」。

關於「知陽守陰」之通理，李蓮寶師兄曾問：「發勁是否像炸彈，四向均勻發出？」師答曰：「然，是炸彈，

非坦克車。」又問是否「坐腿發勁」，師答：「是。」

　　曾有學生問董太老師：「如雙腳離地，可否發勁？」答：「可以。」即令學生用摔跤「背胯」式，董太老師腳起離地，僅身子一抖，學生即趴地跌出，師穩立原地。可見平日練習時需時刻注意「用力均勻」，拳經云：「有上則有下，有前則有後，有左則有右。」例如王字，神完氣足，騰越飄逸，側來倒去，都恰是好看；趙字則略遜。據載，蜻蜓身體主要部分都包裹在液體中，所以能耐 30 倍重力而泰然。

　　戰鬥機飛行員受 4 倍重力（加速度），就可能失去知覺，而戰機的機動性能則達到 10 倍重力（加速度）。飛行員穿上特製的蜻蜓服，即可承受 9 倍重力（加速度）。所以練拳和鍛鍊，就是要發揮軀體中間層的柔順與內外層和身體各部分的及時合理反盪，以使時時全體動量均衡。

　　試想在小意外中，受傷有輕有重，除外因不同外，自身的靜態合理性和應變的自然反應能力會有一定影響。至於某方某處發勁即是該處動量變衝量，與拳經「發勁需沉著沉靜，專注一方」之教不悖，而全體動量仍是均衡的，體內輕鬆自如，內外鼓盪，應力均衡，有限體能，可發揮最大效率。

■ 部體成卦

　　人體之陰陽可粗分為如上述固定的陰陽部分與隨運動而轉換的陰陽部分兩大類。若再考察運動中各關節及主要肌腱的升降張弛，又可將各個較獨立的部體細分為下、

中、上 3 個爻點，據其為升為張則判為陽，為降為弛則判為陰，構成各個卦象。

如以臂為例，下爻是肩頭，中爻是肘，上爻是尺、橈骨的端點。從中看出，中爻關節上下兩個節端的性質是相同的（同為陰或同為陽），而作為上下爻之端點與相鄰部體（也是下中上三爻）之上爻（下重卦）或下爻（上重卦）端點，一般說可以是相同或相反，但據相鄰部體間（鄰卦間）陰陽相濟可有助於合理協調運動的要求，需要相反才能相成。

此外，下爻是三爻中年齡最大和責任最重之爻點，它除了和下鄰部體之上爻相協調陰陽相濟以外，還托負起本部體的中爻和上爻。為了合理均勻承荷，應使中爻和下爻也成相反相濟。

例如：當臂的下重卦（軀側）需為相同卦的情況下，臂和軀側的三爻都只能是震卦（當在陰側）或是巽卦（當在陽側）。

再以頭側（上卦）和頸側（下重卦）為例，當上下重卦需為不同卦情況下，頭側和頸側的下中上三爻只能分別是震卦和坎卦（當在陰側），或巽卦和離卦（當在陽側）。其他如掌、指或足、趾也是同卦相重，身側和腿側是異卦相重。

董太老師言：「力不可聚於肩背，要將力移至臂部肘前一節。」師言：「手腳是長在腰上。」都說的是肩與肘腕是相反的，肩與軀側上爻（內肩或扇肌）也是相反的；軀側下爻（胯側肌）與中爻（腰肌）或與股頭也是相反的。這樣可以做到腰指揮手腳，手腳動肩胯基本不動。同

理，頭前、後背臀固定為巽卦，頭後、前胸腹恆為震卦，頸前恆為離卦，頸後恆為坎卦。

據以上部體各點陰陽之分析可知，陰側（動背側）是肩高肘沉、膝高胯沉、肢外翻、身內轉（像是翻開豎立的書卷），肩胯遠離身體；陽側則是肩沉肘升、膝沉胯升、肢內攏、身外轉（像是豎立的書卷合攏），肩胯靠近身體。前進時：枕、尾正對後（陰）踵，胸、恥正對前（陽）踵，身的臍尾與前後足同方向；後退時：枕、尾照看前（陰）踵，胸、恥看到後踵，身前後與前後足成側向約 90°。按此，後退之身形利於下樁蓄勢，前進之身形利於發放也。

身上各部體都是陰中有陽，陽中有陰，說明可以做到像章魚一樣，既可以柔軟、連綿、準確地全體協同動作，又可以各部體自行隨機應事。腦只管決策做何事，而具體如何做可由肢體自然反應做到。

如上所述，判斷身體各爻點是陰或是陽，僅是根據各爻點本身狀態的張或弛，以及相對於上下（重力方向）是升或降，而獨立進行判別的，與其他爻點的對應態勢、時間先後或重要性排序等都沒有關係。

當為了確定部體的 3 個爻點的下中上排序，以及重卦 6 個爻點的初、二、三、四、五、上的排序時，就可根據①重力方向的自下而上，②動作和傳力的由內而外，③時間的先後 3 個方面來判斷。

例如指、掌、臂、身側面據①②，順當地都排成震卦（在陰側）或巽卦（在陽側）。頭側、頸側按①可排成解卦（在陰側）或家人卦（在陽側）。對於身側和腿，身側

按①沒問題，而腿按①和②兩者有矛盾，所以也採用①，排成解卦（在陰側）或家人卦（在陽側）。同理，足、趾按①②也有矛盾，仍以①為主，排成艮卦（在陰側）或兌卦（在陽側）。身體正前面的頭臉、頸前按①固定排成家人卦，前胸、腹本身恆為震卦，當不同方向運動時，恆與陽側足排成歸妹卦。

身體正後方的頭、頸後按①恆排成解卦；後背、臀本身恆為風卦，在不同方向運動時，恆與陰側足排成漸卦。注意到頭後、頸後各與其陰側卦象相同，頭前、頸前各與其陽側卦象相同，表明雙肩和頭頸的相對位置可有約 90° 的寬容量而不影響它們之間的陰陽相濟。還有雙腿也起到類似於頸的作用，使雙胯與軀體內部的相對方向也有約 90° 的寬容量。

這樣在運動中，可容頭、頸和軀體內拎起豎直不致扭曲，可容雙肩與雙胯也大致如牌位般相對地穩定以外，還有左顧右盼之引領轉換的作用。左顧、右盼者係進退轉換之先，欲右轉先左顧，欲左轉先右盼，然後拎直脊椎，以頭之回轉領動尾椎（如頭右轉則領動尾椎在下右轉，頭左轉則領動尾椎在下左轉），尾椎轉而指向陰足踵。領動者，有個時間差也（約差半圈）。

另外，當前進與後退之過程中，身體除上述根據上下構成陰陽相濟的條件外，還可以根據時間的先來後到，把原來空間條件下並列而不發生關係的卦，構成時間上相關聯的重卦，以詮釋橫方向陰陽相濟的理解，如在前進（臍、尾與雙足方向一致）或後退（臍、尾與雙足方向相側）時，頸或雙腿總是既濟卦，頭或身總是頤卦，雙臂總

是恆卦等。

再如，當發放時，四肢總是由內而外，四外動量均衡，所以臂、掌、指與上述相同，都是震卦，而足、趾則與上述不同，由艮卦變成了震卦。

■ 爻點分圈

周身關節肌筋（爻點）以肩胯所形成平面的內外圈來劃分：肩、胯、頸根是第一圈，圓心約在中脘；肘、膝、頸中為第二圈，圓心約在命門；腕後、踝、頸上為第三圈，圓心約在丹田；手掌端、足掌端、頭頂側角可為第四圈，圓心約在尾尖。

每圈各有 3 個陰爻點和 3 個陽爻點。陽者懸升，陰者鬆沉。各圈點如眾星拱護，錯落有致，組成前進退後、上擎、下樁之合理機勢見表 2。

如前所述，前進、後退皆留意陰側，其中陰側的肩、膝、踵 3 個懸升的陽點（少陽）和陽側的肩、膝、踵 3 個鬆沉的陰點（少陰），都值得關注留意，它們對拳架起到整飭的作用。

這裡把知陽守陰引申為知動守靜，即注意陰側的陽點和陽側的陰點（都是相對靜止的點），當然還包含上述的動量均衡作用。

學人曾討論過，要學世貿大樓承重與抗風分開而又協和的雙架構體系。試想，若兩者不能分開，橫的豎的一起承擔，勢必難以達到身體時時正直、均勻合理和內外分盪、動量均衡的要求。

表2　身側部位陰陽表（兩側據動向／動背而轉換）

陽側（動向側）		身側部位		陰側（動背側）
指端　陽 第一關節　陽 第二節根　陰	陽 陽 陰	頂側角 耳上側 下巴根	陰 陰 陽	指端　陰 指一關節　陰 第二節根　陽
指根節前端　陽 指根關節　陽 掌根　陰	陽 陰 陽	頸上 頸中 頸根	陰 陽 陰	指根前端　陰 指根關節　陰 掌根　陽
尺端陽　　肘陽　肩陰		肩、臂、手（肩陰 / 肩陽）		肘陰　　尺端陰
	陽 陽 陰	肩下扇肌 腰肌 胯側肌	陰 陰 陽	
	陽 陰 陽	股頭 膝 踝	陰 陽 陰	
足掌端陽 （趾根節前端陽）	蹠陽　踵陰	足、趾	踵陽　蹠陰	足掌端陰 （趾根節前端陰）
趾二節根端　陰 趾二關節　陽 趾端　陽				趾二節根端　陽 趾二關節　陰 趾端　陰

表3　身前後部位陰陽表

身正前部位			身正後部位
額　陽 鼻骨　陽 嘴下、巴上　陰	臉前陽	頭後陰	後頂　陰 後腦溝　陰 枕骨　陽
喉結　陽 頸中　陰 鎖骨根　陰	頸前陽	頸後陰	後頸上　陰 後頸中　陽 大椎上　陰
胸骨　陰 臍上　陰 恥骨　陽	胸腹前陰	後背臀陽	大椎　陽 骶骨　陽 尾骨　陰

■ 全體透空

全體通透空靈之謂，可以先從全體均勻合理做起。其中重要一點是無論升沉都有懸意（上下平衡均衡）。

師言：「練楊傳應以輕靈為主，兩足如輕踏在棉絮上。」連綿不斷地著意陰側（動背側）直到無盡遠，自然身上各處就有連綿不斷的懸掛凌空感覺。想來行立坐臥都宜如此，例如，平時留意，枕骨在頸後；肩左身後；骶骨在臀後（坐時）、在踵後（站時）；雙胛在後合攏。

師言：「雙胛平時合攏，蓄到極時，約開一指寬的縫。」雙胛脫開胸腔壁；盆骼脫開腹腔壁；胸、腹外展內涵；大椎後上豎，命門前挺，尾骨前兜，使頭頸、天突、命門、尾尖在身體中間（不包括肩胯的身中間）垂線上，全體拎起懸空，各關節避開重心線，上不壓下，下不頂上，用力均勻；站立時，骶骨後捌，胯、膝、踝用力均勻；坐時，合收臀肌、舒胯（上下），全身拎起，使身體高起半寸（不可壓在坐骨上），凳子高度以股、足能分擔重量為宜；側臥時，下肩胯捌開身體為陰，上肩胯翕提身體為陽；仰臥或半側臥亦以左右分陰陽為宜；手取物輕拿輕放，全身配合，腰指揮手；走路或上下樓梯全身拎起，輕提輕落，降低重心，令身體好似懸掛（不是壓）在胯膝踝上。行走時對周圍空氣敬畏有加，不敢肆擾，意向後送，前面自然洞開無阻，似游弋於通衢之中，全身拎起，連綿平穩，行來無風。

以上列舉的幾個方面平時成習慣了，練拳時也就較容

易逐漸做到身上各處都均勻合理。

體內陰陽相濟，前文已述。然身體與外界的接口有三：鞋（凳、床）、衣服、空氣與周圍場景。如何陰陽相濟？

如鞋底軟了，足就變硬（外軟裡硬），足裡硬了就氣血不通暢。而且足底不能踏實，身體就難以正直。所以鞋底宜稍硬，使足外掤而裡鬆軟，而且鞋底面積要稍大於足底，當足底揉動時不致越出鞋底而致不著力。同理，凳、床太軟了，除身體內部變硬，氣血不暢以外，還有內臟歪斜擠軋之患，故都以稍硬為宜。過軟的鞋、凳或床將喪失身體保持一定姿態的自主性。

衣服主要與皮膚骨架相關聯，骨架端正，豎向架起衣服，使四周均勻下披；皮膚幅向收斂，意欲脫開衣服（包括褲）。這樣產生兩個效果：

一是縱向整束，提起精神；

二是產生吹鼓起衣袍的內力（泰安岱廟有一塊秦始皇畫像的碑刻，線條簡潔，袍服似內吹鼓起）與周圍空氣的接口，主要是體肢鬆軟，感覺細微到使空氣認為你也是空氣，就可以與之溝通對話了。

上文曾提到意向後送，前自洞開，即是一例。練習時意思常反向到無盡遠，四周場景自可包羅無遺。

■ 走架演序

據李亦畬先輩每一式分「擎、引、鬆、放」4 個過程，李釋為「擎起彼身借彼力，引到身前勁始蓄，鬆開全

身勿使曲，放時腰腿認端的」4句。

若按後天八卦之演序，每過程一分為二，可細分為「擎（離卦，正南）、攏（坤卦，西南）、黏（兌卦，正西）、引（乾卦，西北）、鬆（坎卦，正北）、開（艮卦，東北）、發（正東，震卦）、放（巽卦，東南）」這8個分過程。

再考慮到天干五行之生剋與中央方位之補全，又可補充排序為擎（火）、起（戊，中央陽土，火生土）、攏（土）、定（己，中央陰土，土生金）、黏（金）、引（金生水）、鬆（水）、開（水土生木）、發（木）、放（木生火）10個過程。

如以「主」「客」推手為例，「主」自「擎」始，「客」自「引」始。從「主」「客」各自的演序中可以看出，都是根據自身五行相生的自然演化，而不斷地從被制轉化為對人五行相剋的克制。詳見下頁表4。

從拳架說，「擎」是借「放」的餘勢，手朝前上方先盪開，後扡著身子往前，成篝而起之（下不可丟）；「起」是身內部的動作，意思是像火山灰柱騰空而起；「攏」是身體攏到前腳，上下拎直；「定」是中定，體內拎空，塵埃落定：

「黏」是頭脊引動（陰陽轉換），手腿在前不停前盪，外似留連繾綣，而內已盪開；

「引」是借內外盪開之勢，順牽來力（前面不可丟）；

「鬆」是乘勢下樁蓄更大之勢（上不可丟）；

「開」是挺腰後盪，頭脊引動（陰陽轉換），全身透開；

表4　五行主客相剋表

主	主火剋	客
擎 （火）	客金 客水剋	引 （金生水）
起 （火生土）	主火 主土剋	鬆 （水）
攏 （土）	客水 客木剋	開 （水生木）
定 （土生金）	主土 主金剋	發 （木）
黏 （金）	客木 客火剋	放 （木生火）
引 （金生水）	主金 主水剋	擎 （火）
鬆 （水）	客火 客土剋	起 （火生土）
開 （水生木）	主水 主木剋	攏 （土）
發 （木）	客土 客金剋	定 （土生金）
放 （木生火）	主木 主火剋 客金	黏 （金）

「發」是意思在後無窮，而勁已前出；

「放」是乘勢相送一程（後面不可或丟）。進退起動都是「嘀、嗒」二字（董世祚先生語），

「嘀」是頭領動脊、尾到位（指向陰踵），

「嗒」是陽肩胯內翕和陰肩胯外展到極致，陰足落實和陰手、肩空中掛定而反撞。

按方位說，即掤（擎，正南）、捋（黏，正西）、按（鬆，正北）、擠（發，正東）、採（引，西北）、挒（開，東北）、肘（放，東南）、靠（攏，西南）、中定

（起、定，中央）。此中卦象方位並不代表走架時的實際方位，只說前面是 4 個正方位，後面是 4 個斜方位。看出其中採、挒是坐腿時的斜向，而肘、靠是攻腿時的斜向。顧、盼是陰陽轉換之先的就前勢斜向。稱八門五步（進退顧盼定），合稱十三勢。

■ 尊卑有序

　　人體自內而外，各按其相對重要性和需要關照的程度來排列尊卑之序。是以心志精神（頭腦、中心垂線和心志）第一，內臟第二，筋骨皮肉第三。

　　從苦樂方面來說，宜首先求得心志的愉悅，其次是內臟，再後是筋骨皮肉。筋骨皮肉宜常帶三分勁（師原話，即「鬆而有力」之意），整束全體，使時時「全體透空」，於是內臟各在其位，互不擠軋，周有空隙，如懸在空。心志敬謹謙和，明淨怡樂。筋骨好比樑柱構架，皮肉好比邊防軍隊。若皮肉懈怠，筋骨鬆散，將導致內臟歪斜傾軋，心志難以安頓。再若內臟皮肉恣於欲樂，心志必定苦不能言。是故人體上以卑凌尊，秩序紊亂，久必致病。

　　試想筋骨皮肉即使有傷，移時可復；內臟稍有疾痛，難以癒合，甚至影響後代；頭腦受傷，心志遭損，危害更大。是故尊卑之序不可輕忽也。

　　常聽人說「順其自然」，容易誤認為順從多年習慣成自然的自然。前人說的「順乎自然」，意指順乎天地自然界合理性的自然。前者一字之差易被誤解且易為人接受，因後者要經過長期努力，是吃苦的事。

■ 張弛有節

「一張一弛，文武之道也。」周文王外弛而內張，蓄積之道也；周武王外張而內弛，發放之道也。蓄發相濟，也是文武之道的體現。是以內張則外弛，外張則內弛，是陰陽同時存在而能相濟之理。

於練拳亦然，舉凡「黏、引、鬆、開」是收蓄的過程，外弛而內張；「發、放、擎、攏」是發放的過程，自是外張而內弛。

張弛有節者，一是要有節度，張而不可僵硬，變成僵化不通靈；弛而不可懈怠，要「帶三分勁」保持整體協調能動性。二是要有節奏，亦即韻律（rhythm）。有鼓盪起伏，才能體現活潑節奏，不是呆板地固定走架高度，或機械地勻慢動作。李蓮寶師兄曾說「最好的節奏在唐詩裡面」，值得體會。

■ 通天透地

「通天」較易理解，即身體豎直，「挺腰」「手高」（老師語），意氣與天上日月星辰相掛通。「透地」較難說清楚。以歌者舉例，才旦卓瑪野外演唱，室內震響；有的歌者在室內唱，只天花板響而地板不響。這可大致顯出「透地」之有差別。

練拳「通天」在「擎」，「透地」在「鬆」（下樁），老師看學生練拳時說的最多的是「挺腰」「下樁」「手高」三句，說明這三句對練拳之重要。

　　師語靜安師兄：「人皆謂虛靈頂勁在頭頂，不盡然也，在十指指尖。」十指對通天起重要作用，好比燒香，而「透地」則十趾尖皆起作用。「擎」「鬆」都是練拳連續過程之一（每式總共 8 個過程），所以要離開連續的過程來單獨討論這兩個過程怎麼樣是合理正確，是不可能的，必須前面因果性的過程都一一合理正確了，然後到這個過程才有合理的可能。所以練拳貴在聯貫，重在當下。

　　如「擎」拔起挺腰（其他過程都應該拔起挺腰，而且由「擎」對之提醒和增強）；引是反向盪開，身肢反轉，椎、尾側指前面（陰側）；「鬆」順「引」勢下樁，蓄最大之勢，保持拔身直立（不可前傾，後蹲），提起陰肩、膝和陽胯，下沉陽肩、膝和陰胯，使下樁時上下用力均勻。下到底用手彈起鬆開全身，準備「發放」。

　　下樁是較難的，一難在心沒有下去。「好似要把心貼在地上」（從習者小馬體會），就較容易做到腰腿下盤通氣和用力均勻了。二難是常忽略了上升之平衡力，殊不知「通天」和「透地」是同時存在的，沒有「透地」的「通天」也是不到家的。

　　所以，意向上送，下障自消；意朝下送，上路自開。布袋和尚詩曰：「手捻青苗種福田，低頭便見水中天。六根清淨方成稻，退後原來是向前。」

　　《莊子‧大宗師》曰：「古之真人，其寢不夢，其覺無憂，其食不甘，其息深深。真人之息以踵，常人之息以喉。」平時或練拳過程中，試吸一口氣能到尾尖，這一方面說明身上各處，特別是腰腿下盤與頭手上體基本上接近合理了；另一方面，在氣到尾尖的同時，也就同樣到了腳

跟（踵），因為踵和腳腕是天然與尾尖相聯繫的。

此外常人多注意橫向的動作幅度，不大注意上下的幅度，殊不知豎向是原因，橫向是效果。沒有豎，橫是沒有基礎的。再如轉方向必須拎直腰脊，這樣就像是在山頂轉向，最為簡捷。若腰脊不直，就好比在山腰轉方向，那就費時費事多了。

■ 練拳目標

有的為增進身心健康，也有為防衛護身，還有為探求方法明白道理，這些都是益己利人的正當目標，但需要經常留意通過實踐，加深對前人記述的理解。

如下樁或立身都需要中正安舒，身體前傾將使膝關節受力過重，會積勞成病。

又如「含胸」是胸部外舒錠而內虛涵，「拔背」是雙胛後合，拔起背椎，非瘪胸彎背也。

又如「沉肩墜肘」，在陽側是沉外肩，抬內肩，抬肘；在陰側是沉內肩，抬外肩，沉肘。若是兩側同樣沉肩墜肘，不分陰陽，將使合力夾擊自身內臟，由此而成病者比比皆是。

又如「鬆沉」與「拎起」是同時存在而又相輔相成的一對要領，不可偏廢。還有常見的不足是胯、膝、踝（腳腕）用力不均，腳腕偏向內側，踝位不正，踝腕未起作用，使胯、膝超荷，底椎難以直立。所以腰腿用力均勻，重心自然放低是很重要的。

另外，推手對練，容易產生爭勝鬥力的傾向，所以

說，不求勝人，但求勝己，不求無敵，但求無礙。「學問
之道，反求諸己而已矣。」

■ 結語

　　本稿僅是實踐中的零星粗淺感覺，未可說是。主要引
了前人的教語，以自勉勵，並嘗試提出課題，盼有興趣者
驗證指正，以冀集流成川，翻江入海，海播雨雲，復歸大
地。「翻江播海，盡性立命。」發揚中華民族優秀傳統文
化，樹立炎黃子孫的鼎盛基業，是所至禱者也。

附：昆明大觀樓一百八十字長聯

　　五百里滇池，奔來眼底。披襟岸幘，喜茫茫空闊無
邊。看：東驤神駿，西翥靈儀，北走蜿蜒，南翔縞素。高
人韻士，何妨選勝登臨。趁蟹嶼螺洲，梳裹就風鬟霧鬢。
更蘋天葦地，點綴些翠羽丹霞。莫辜負：四圍香稻，萬頃
晴沙，九夏芙蓉，三春楊柳。

　　數千年往事，注到心頭。把酒凌虛，嘆滾滾英雄誰
在。想：漢習樓船，唐標鐵柱，宋揮玉斧，元跨革囊。偉
烈豐功，費盡移山心力。盡珠簾畫棟，卷不及暮雨朝雲。
便斷碣殘碑，都付與蒼煙落照。只贏得：幾杵疏鐘，半江
漁火，兩行秋雁，一枕清霜。

關於《人體之陰陽相濟》的補正

拳經有云：「虛實宜分清楚，一處有一處虛實，處處總此一虛實。」「須知陰陽相濟方為懂勁。」陽為虛，陰為實，陰陽虛實云者，兩對立體之間，相比較偏勝之意。對立者，上下、左右、前後、內外、心身、顯隱、人境諸謂也，其一為陽，另則為陰。

謂陽者相對偏於前（或動前向）、升、鼓、攏抱、活潑主動；謂陰者則相對偏於後（或動背向）、降、涵、撇離、安靜隨動等象狀。前後者包括，身前從上：頭面陽（陽、陰、陽、陰、陽，離卦），頸前陰（陰、陰、陽，震卦），軀前陰（陰、陰、陽，震卦），總的為陰；身後相反，即：頭後陰（陰、陽、陰、陽、陰，坎卦）、頸後陽（陽、陽、陰，巽卦）、軀後陽（陽、陽、陰，巽卦），總的為陽。

身前後的陰陽是固定的，而左右則是可轉換的，以行路為例，邁步側，下肢陽（內起，離、坎、離），同側上肢與之相反為陰（內起，坎、離、坎），軀側隨上肢為陰（艮卦），頭側、頸側隨下肢為陽（皆巽卦），於是邁步側總的為陽；隨步側與之（左右）相反，即：下肢陰（坎、離、坎），上肢陽（離、坎、離），軀側陽（兌卦），頭側、頸側陰（皆震卦）。

看出體側之陰陽隨下肢而定，表現在練拳尤明顯，兩腳分前後，動作前攻則前下肢陽，後下肢陰；動作後退則後下肢陽，前下肢陰。再如，拉琴、書畫、勞作，一般右

上肢為主動，且在前，故為陽，據以上規律，其他各部的陰陽體態皆可據之而定也。

內外縱向即身軀與四肢的連接處及肢軀本身，以陽上肢為例，內肩（屬軀）陰，連接處一陰一陽，故外肩陽，又肘陰、腕後陽（合為離卦），腕前陰、指根骨節陽、指中骨節後陰（坎卦），指中骨節前陽、指前骨節陰、指尖段陽（離卦）；陰上肢與陽上肢分列左右，正相反。陰下肢內胯（屬軀）陽，外胯陰、膝陽、踝陰（合為坎卦），踵陽、趾根骨節陰、趾中骨節後陽（離卦），趾中骨節前陰、趾前骨節陽、趾尖陰（坎卦）；陽下肢與陰下肢分列左右，故相反。身側隨上肢，即陽側為陰（艮卦），陰側為陽（兌卦）。頭側、頸側隨下肢，即陽側為陽（都巽卦），陰側力陰（都震卦）。

內外幅向的陰陽是，頭、頸、軀、肢都可在幅向粗分為三層：內層，如內腔或肢內，屬陽；中間層隨順緩衝，屬陰；外層有陰有陽，較緊繃的一面屬陽，與中間層異性相吸之故，較鬆弛面屬陰，與中間層同性相斥也。

據此身體各陽面正常情況均保持緊貼中間層，如面部、頸後、軀背面、下肢前外側、陽下肢外胯前上內靠、陽上肢外肩亦前上內靠，這樣導致各有關部體包括脊柱均向陽面、陽側直向傾斜偏置，可以保持寬鬆穩定。至於理想的正直並不包括在穩態流動之中，而只是轉換過程中，「一到就走」瞬即而過。這也可以比擬為何古來多在山的陽坡面蓋廟建居的常理了。

再如合十，隨著「動之則分」，不論內動或外動，只要生命在流動，總是身內分陰陽，手掌面略側向身陽側，

兩掌相對位置分出陰陽，就有異性相吸合攏的理由了。當然身體越好，功夫愈高，可偏置愈少，效率也越高。

心身者，一隱一顯，陰陽分明。拳經說「先在心，後在身」，老子說「知雄守雌」，也就是知陽守陰，知顯守隱，或知果守因之教。身上各部解除了大部分意識的造作束縛，自能較大程度地發揮其主觀能動性，活潑自如地應對各種煩惱緣起。說的是性空才能更好地應對緣起，反過來各種緣起都自如處理好了，才能促進更全面的性空，最後各個煩惱的應對都會具有全面性，回到性空即緣起兩者不二之境。

老子又講「虛其心，實其腹」。

一是糾正一般之過偏，大多實其心，心執著在某一具體之上而忽視全局，也限制妨礙了各具體自應對之能動性；

二是實事求是，吃飽肚子，維持生命的流動（不是指身體的腹部，因為要求腹部心意氣放下，讓腹部虛涵，回覆自然的體態）；

三是實則虛之，虛則實之，以維持系統各部雖分陰陽，有偏勝，但總體上處於基本的和諧平衡狀態。

試問人對自身生命流動、致病、抗病、自癒等各種機理瞭解多少，實無必要自以為是過多操弄擺佈，還不如老老實實，自認愚痴，退在一旁，靜觀其變，點撥無心，以達到心身的對立統一。

人境者，指人與周圍人事物的對立統一。拳經提倡粘連黏隨，反對頂扁丟抗，或可借用接口匹配等概念。目的是善意溝通，互助共贏。所以行立之粘地，坐時著凳，臥

床皆輕觸靈敏，「一動無有不動」，內外不停流動，以盡量使應力分散，不致聚集而有傷身體也。

當然師言：「走是練，停是打。」「打是打掉人的黑業……勁要能回來。」圓轉而回歸的勁接近可復系統，損耗很小，也不致傷人，且能助人開通筋脈。

所以對周圍人、事、物包括四時、空氣、引力、社會、時空、世界、生命等，常存和愛、公平、敬畏、感恩、自省的心態；生養起眾善奉行，集義所生的情趣；認同實事求是，恕人即寬己，簡約始充沛，平淡寓精彩，知陽而守陰等順應自然的規律；坦蕩於趨近最佳，不求完美，保持活潑寬鬆的胸懷；以階及心、身、境三者和諧交融、舉輕若重、片刻千年、知冷知熱、不急不遲的平易高雅境地。

筆者留意於斯有年矣，每今是而昨非，不可稱是，甚望有以教之。

2007 年 3 月 26 日

關於練拳

　　關於練拳，佛經有云：「萬法唯心，心外無法。」老子曰：「知雄守雌。」孔子曰：「反求諸己。」孟子曰：「志至焉，氣次焉。」拳經有云：「先在心，後在身」「氣以直養而無害，勁以曲蓄而有餘」。

　　爺爺[1]講：「練拳時要發願打掉眾生一切黑業」，「要從心底用功夫」，「古之學者為己，今之學者為人」。

　　《莊子》說，不要從他人而畫出自己，要自覺自己的存在和價值。我曾推「知雄守雌」於拳謂「知陽守陰」「不求無敵，但求無礙」等俱是心法範圍。練拳但存悲願恭敬之心，自然日近正途。受到爺爺口授心傳的扈上諸位伯伯、娘娘都猶存風範也。

　　身法之要，一是拳經「依規矩、熟規矩」。爺爺講的「下樁、挺腰、手高」「十八歲要練到的角四方」。大爺叔（樂宣）指著董虎苓的拳照說：「要這樣有尺寸。」我追摹爺爺拳勢的風貌而證驗的五行八卦演序等，大致是規矩一類。第二要緊的是拳經「命意源頭在腰際」。際者，邊際也，裡面也，彼此間也，三解皆是（對此複印《解剖學》脊髓椎骨位置較長供研閱）。腰椎五椎骨在一般認為之腰部，其中腰三椎下為命門。然腰神經之源頭 1～5 在

---

[1]　爺爺：指樂幻智。此文是寫給家中晚輩的。

胸椎 11～12 椎處，該處是腰的一個邊際，即「力由脊發」的夾脊處，亦爺爺、大爺叔講的「腰一拎」的源動處，即謝伯伯後背之隆起處，亦即我與郭伯伯討論的氣貼於背之處。

再看多根腰神經穿過腰椎成束而達於小腹，故小腹處依神經傳遞而論，又是腰的第一邊際。是以顧伯伯小腹一動領動全身，亦是腰動之效也。故腰之兩個邊際，一在後背，一在小腹，神經穿過腰椎來回作用完成整個腰的功能。而腰椎部應是外無得見的總調度，是動得最少的。屢見名拳師拳照，外部顯見腰板之形，則可說未曾練到腰。身體其他部位亦然。如看不到肩，就算有了肩，看不到哪兒，就算練到了哪兒。爺爺的拳就是看不見的，很難有具體的、哪個局部動作的形象與印象。

關於拳勢之循理，在爺爺拳勢中，但在轉折處略有印象。如爺爺推手時另一手跟進攏住，彎背（腰之上邊際）較明顯。攏後之定，就是爺爺攏住圈定後之一顧。爺爺練拳中搬攬錘之一擎，拳往上揚起往迴繞，一攏，右邊一顧，彎背下身先撤，右盼抽拳，此勢即如小兒拿東西怕大人看見的神情。

坐腿，手下黏起，抬身就是鬆轉開勢。座腿發勁時，身一震或一頓，說明腳發身未動，送出平穩之極，說明腳鬆股送也。又以推手驗之較清楚，於己不斷以五行生序轉為於人為克，如下。

其中，擎包括擎、起、攏，就是手、前臂朝前一舒一停，手把自己身子吸引前去，腰、肘、膝鬆攏；或是蹬腳時，一舒一涵，全身鬆攏。引，包括定、黏、引，定是圈

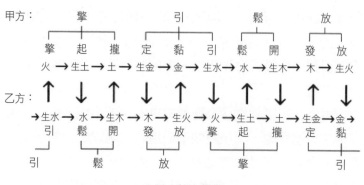

五行八勢生剋圖

臂一顧；黏是臂圈穩住，腰脊領動，下體後撤；引是轉盼
領開臂圈。鬆，包括鬆、開，就是鬆胯、涵身、下樁；腕
一沉，指彈舉，從上到下依次豎起身子為開。開的要點是
手指尖啟動，依次括開腕、肩、胯、髁，直到趾尖轉發，
開時中爻肘、腰、膝基本不動，否則蓄好的都動散了。
放，包括發、放，發就是全身放正，腳一彈，像要把整個
身子拋出之意，但切記只有腳彈動，身手都不動。

　　此動意可於煎荷馬蛋驗之。慢火蛋稀軟，將其翻身，
只需手持鍋鏟略插蛋邊，身手不動，用腳一顛，蛋即整體
翻轉，若身手有動作則不靈。故發勢以身手不動為正，否
則誤也。放者，就勢放出，其時腳鬆淨，座於兩股，身手
齊放。放之要點為不可太過，病多在過。大約向前行程到
一半就算放勢完了，下半行程用作擎勢。擎勢之要點在於
眼光上擎，此驗之楊、董太老師、爺爺、大爺叔、顧伯
伯[2]，盡是也。

---

② 「楊」指楊澄甫；「大爺叔」指樂亶；「顧伯伯」指顧梅聖。

　　爺爺常說「一到就走」，意是式中每勢不可住著，而要及時走換，到為及時，耽著即老。爺爺要求練拳存悲願心者，偏執少，量可大也；存恭敬心者，無欺也。不欺心，不欺內臟、手腳、身體，不欺空氣，不欺周物，然後直養無害，曲蓄有餘也。內為直、外為曲，是古賢之論也，庶幾近歟。

1987 年 3 月 13 日

拳論圖表

■ 太極四正推手五行生剋

甲推手式		捋	按	擠	掤	攦	捋
甲式五行	金→ 剋↓	金→	水→	木→	火→	土→	金→
乙式五行	剋↑ 生→	火→	土→	金→	水→	木→	火→
乙推手式		掤	攦	捋	按	擠	掤

繪於 1988 年 2 月

■ 太極每式八勢印合八卦演序表

太極式	末四分之一式	一個整式								
蓄發	發（後半）	蓄				發				
擎引鬆放	擎		引		鬆		放		擎	
每式八勢	擎	攦	黏	引	鬆	開	發	放	擎	攦
八卦爻象	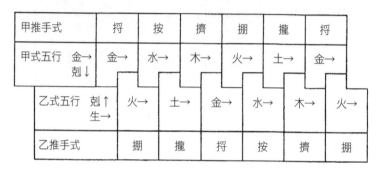									
卦名	離	坤	兌	乾	坎	艮	震	巽	離	坤
擎勢 形之子	目	腹	口	頭	耳	手	足	股	目	腹

對應上中下（身手足）動靜	上下動中靜	上中下俱靜	上靜中下動	上中下俱動	中動上下靜	上動中下靜	下動中上靜	上中動下靜	上下動中靜	上中下俱靜
拳式練法	目出指粘①	腹擁手攏	口轉手研	頭帶全身	豎耳下樁	手掃身開	足發身靜	股送臀出	目出指粘	腹擁手攏
練拳要點	趾要實	肘膝鬆	腰要順	身反盪	頭容正	到踝趾	手要遲	踝頸鬆	趾要實	肘膝鬆
五行	火	土	金	金	水	水	木	木	火	土
粘連黏隨	粘	連	黏	隨	粘	連	黏	隨	粘	連
練法大意	上爻粘粘上拔高	中下連形靜勢連	上爻黏留連纏綣	中下隨捨己無高	下爻粘虛貼鬆沉	上爻連形頓勢張	下爻粘黏住催動	上中隨隨出而放	上爻粘粘上拔高	中下連形靜勢連
經脈	手少陰心經	足太陰脾經	手太陰肺經	手陽明大腸經	足少陰腎經	足太陽膀胱經	足厥陰肝經	足少陽膽經	手少陰心經	足太陰脾經
四季	夏	夏秋	秋	秋冬	冬	冬春	春	春夏	夏	夏秋

1988 年 2 月

■ 太極（自練推手）每式十節八勢應合八卦陰陽五行解

甲													
（於己為生）	木	木化火	火	火化土	土	土化金	金	金化水	水	水化木	木	木化火	五行
甲	發	放	擎	起	攏	定	黏	引	鬆	開	發	放	每式十節八勢
（於人為克）	☰	☰	☰	用九	☰	用六	☰	☰	☰	☰	☰	☰	八卦
乙													
（於己為生）	土化金	金	金化水	水	水化木	木	木化火	火	火化土	土	土化金	金	五行
乙	定	黏	引	鬆	開	發	放	擎	起	攏	定	黏	每式十節八勢
（於人為克）	用六	☰	☰	☰	☰	☰	☰	☰	用九	☰	用六	☰	八卦

　　練拳一式為一式，推手一退進為一式。卦形之上中下三爻應合人體之上中下，頭為上又有其上中下；手有三個上中下，即指尖、指一節、指二節為手之上三爻，指二節、指根節、腕為手之中三爻，腕、肘、肩為手之下三爻，餘類推。如開卦動上爻始於指尖，發卦動下爻始於趾尖，餘類推。按八卦每卦合身一定部位（表5），於拳勢則該部位一領動，全身皆活也。

表 5　八卦每卦合身部位

乾	坎	艮	震	巽	離	坤	兌
頭	耳	手	足	股	目	腹	口

　　拳勢各部位為陰為陽之表徵大體見表6。

表 6　拳勢陰陽表徵

陰	動	柔	喧	張	虛	空	引	連	輕	靈	盪	開	高	揚	走	顯
陽	靜	剛	涵	攏	實	有	挫	斷	重	滯	凝	合	低	沉	黏	隱

　　按先賢每式之擎、引、鬆、放，析為擎、攏、黏、引、鬆、開、發、放八勢，其演序、身體與陰陽變化，應合八卦之演序、身屬於爻象。

　　八勢中，擎後加起，攏後加定，合為十節拍，應合五行化生相剋之序。舉幾，於己為化生，於人為相剋，此在自練和推手中皆得證之也。每式中，起、鬆為斷，斷而復連；定、發力頓，頓而後隨也。

拳架八卦五行解

　　每式拳架中之擎、引、鬆、放四節正應合四時之變化，而在擎、引中加一攏字（中土），則合五行生剋之序，即拳之變於己為生，於人為剋，是皆天然拳意之一斑。

　　若夫擎、引、鬆、放更析為擎、攏、黏、引、鬆、開、發、放八段，則可反映出八卦周序之演變，並含兩組粘連黏隨之過程。

　　蓋有形之卦為八，合有形之拳勢亦為八。當加上用九、用六兩無形之卦，正補足五行陰陽為十之數。圖之演序為順時針方向中，戊辰臘月。

拳勢陰陽解

陽：剛（非板）、張（非僵）、虛、空、輕、靈、
　　動。

陰：柔（非軟、順也）、馳（非塌、不爭也）、實、
　　有、重、凝（滯）、靜。

第三篇

傳承與交流

關於承習老師太極拳之概要

　　老師授楊傳、李傳太極拳是以修聖賢、證大道為目的，故所傳諸法以心法為第一，身法第二，練法第三。

　　心法者，悲、願、信也。師言「生發慈悲菩提心」「要從心底用功夫」，楊太師言「人心是肉長的」，即饒人實是饒己，傷人必先傷己，對人對己以至身體各部皆宜心存呵護，心存敬畏，是言悲心為基本之設心。觀釋迦以悲力降伏瘋象之群撲，是顯無上之悲力也。就苦樂而言有不同層次的苦樂，即心、身內、身外之苦樂。

　　人之苦樂似有守恆律然，即心與身有一者為樂，另一必為苦；身內與身外有一者樂，另一必苦。是以苦樂觀之不同，在於擇何者苦何者樂耳。如常人多擇身外感官為馳逸之樂，則其內臟、內心必同時為曲擾之苦；若擇筋骨皮肉為振作端莊之苦累，將得內心、內臟之清恬愉樂。是故心法為第一法。

　　師言「每練前默願打掉眾生一切黑業」，是言不求勝人，需求勝己，不求無敵，但求無礙，是修己助人之願力。師言「以練拳為法，一法到底」「菩薩不擾有情」，對習拳之正途，確信不疑，息諸旁騖，而利精進，是言信力之要。

　　身法者，慧、行、空也。師言「挺腰、下椿、手高」令腰、腹、胸三段皆豎直，師言「要練十分腰」「整套拳眼光不看地，只海底針掃一下」，即腰十方無礙而身須直也。身直有益於中脈（自尻後尾前之底處到

頭頂）之修練，連天（繫掛星辰）接地（入地三尺），是修養浩然正氣，生長智慧之要法。

師言「一到就走」「架子不是擺出來的」，俠虛言「行起解滅」，蓋差別有循，可由精進，是非難辨，終付蹉跎。皆言不走知解路，莫戀風光處，於綿綿實行中求真知。經云「曲中求直」：

一意是由次要部位的彎曲或曲線運動，以求重要部位之直，如身體之直與勁線之直；

二意是各關節與部位均讓開中線（身體中心線、重力線、勁線）以不礙中心之直。

換言之，即中心是空的，空了才真正有了中線。李道子言「無形無象，全體透空」，中間沒有了就有了中，腰不見了就有了腰，肩不見了就有了肩……依此類推，全體空了才有了全體，是空之要義。又全體平衡為空之基礎，前後平衡之要是，命門在前後之中（弓、坐腿時皆然）骶在踵後，肩在骶後，命門在後骻前。上下中線通過命門下經腳弓窩空心入地。

凡身之前上、後上、後下、前下四個象限都要有物有拳，即手、額在第一象限，胛、後腦勺在第二象限，骶、踵在第三象限，恥骨、足掌趾在第四象限，各在其位，不可錯越。且後拳較前拳重要，下拳較上拳重要，內拳勝於外拳，心拳勝於內拳，心底拳勝於心拳，無拳勝於有拳，師言「無招之化」「無形無象便是真」，皆此意歟？

動態之平衡，要點在擎勢後半、攏、黏諸勢，以及開勢後半、發諸勢，手對身反向而動，達到手在空中不

動；而引勢則是身手反向而動以達身在空中不動，大凡在空中身動手不動，手動身不動，以達動靜相濟，通體無礙。不動是在燒香，吃牢而動（不亂動）也是燒香，似令香菸繚繞不間斷耳。

練法之要大致有，判分陰陽、知陽守陰、陰陽相濟、收即是放諸端。人體各部分之陰陽，有總體結構之陰陽與變化運動之陰陽。前者為胎嬰蜷伏之時已定，為陰為陽定而不易，如身前、頭前為陰，身後、頭後為陽；手、腳內側為陰，外側為陽；體、臂、腿橫斷而之內層為陰，外層為陽；雙手肩臂圈，各關節自胛中開始，經肩、肘、腕、指根、指中以至指前節依次陽陰相間。雙腳腿胯圈各關節自髂中開始，經胯、膝、踝、趾根、趾中以至趾前節依次陽陰相間。

身柱自命門（腰椎自上而下數第三、四椎之間）開始各關節向上或向下依次亦陽陰相間。兵云「虛則實之，實則虛之」，於拳即「陽則陰之，陰則陽之」，如背臀面為陽則常收而陰之，胸腹面為陰則常展而陽之。

如陽剛、陰柔云者，即陽中寓陰，陰中寓陽，始能生化耳。是以陽者常收，陰者常展，即胛中、髂中、腰中（命門）常收，以至指趾前節、頭頂、身底緊鄰之內節常收，以成「虛靈頂勁」，即各頂端之勁常虛靈之也。全身蛻開衣服，腰蛻開褲帶，腳蛻開鞋底、鞋幫等亦此之意也。後者於運動變化中判分陰陽，大凡活動、虛暄、柔順、伸展、上升、輕揚、顯露諸象為陽；沉靜、實凝、剛砥、收聚、下降、重墜、含隱諸象為陰，豎陽者橫陰，豎陰者橫陽。

　　是以陽肩陽胯縱向伸展橫向砥靠，膝胯成裏抱。陰肩陰胯則豎向鬆沉，橫向伸展，肘膝外岔以鬆肩胯，身子懸掛在陽側肩胯上。兩膝成約 80° 夾角以使身子可以直立。腰內命門輪換鑲嵌在陽側內肩內胯之間，起前進退後之扣扳機作用。頸隨腰閃。頭在陰側，起加重與意守陰側之作用，身體緊靠陽側。

　　蓋陽側以承力，陰側以運勁耳。於前後兩個中定之時，注意挺腰（非挺背鼓腹，臍部飽滿是挺腰之徵）。頭意守在腦後之左下側或右下側，連同身後胛下之左側或右側與後腰腿配合將身中線拎起拉直（中線外圍橫向常收），其時陰側肩胯後閃拉開，令陰側耳部下連足踝，同時陰內胯上托緊靠陽內胯之尾椎，形成連頭帶尾半個 S 圈，然後開始前進（發、放）或後退（黏、引）。整個運動過程中，尾椎如傘柄，身如傘桿，頭手肩如傘蓋，兩內胯靠托住傘柄，以自然平衡之態勢前進後退。

　　師言「弓腿時注意於後腳，坐腿時注意於前腳」，即知陽守陰之練法。董太師言「常人皆知練拳時，左腿實右腿變虛；如若右腿實，左腿變虛，固為虛實。再言弓腿為實，後腿為虛則錯矣」。是言兩腿分虛實，弓腿應為虛，其時後腿胯為實；坐之腿為虛，其時前腿胯為實。左右半身、左右肩亦是左虛右實、右虛左實。

　　經云「左重則左虛，右重則右杳」，言體重偏向何側則提起何側以虛之，成懸掛而重力分散之勢。亦言何處何側來力，則歙以虛之，亦呈應力分散之勢。以左右半身言，縱向為陽而升展者，其橫向必自生剛砥之陰；縱向下沉為陰者，橫向必自生擠撬之陽，綜成陰陽相薄之變化。

經云「收即是放」，師言「能用收斂筋骨之力，始能堅剛無倫矣」，首要者收住心。然後渾身由背向內收到一條線、一個點。收胛（左右胛併攏），肩由後下沉以令胸直，腰上下向中收且四周向內收攏一圈以令腰直；鬆膝收左右臀及左右臀下兩點以令腹直。胸、腰、腹之直為身直之基礎。收與放同時施行，凡屬中爻之關節常收（與屬陽之處常收相一致），即胛中、盆中、腰、肘、膝、指趾根關節、指趾前關節常收；凡屬上下爻關節常開（與屬陰之處常開相一致），即肩、胯、腕、踝、第二指趾關節及指趾尖常開。其運動陰陽之變化只是收緊與拉開程度之變化。收者恆收，開者恆開，以是組成收即是放。如指尖接物虛按，足趾觸地虛踏，收開相間，達之於腰，節節貫串，而利內勁之流通。

練時只需關注兩頭，即中心之收（胛腰臀）與指趾端節之收（包括其他頂端及外緣緊鄰內節之收），其時自然股肱、掌弓、指趾中節等都在伸展著。收之愈足，放之愈勁，是鬆而有力（內勁）之要旨也。

1997 年 10 月

與榮璋①、榮滬②兄再榷推拳之陰陽相濟

　　王宗岳《拳論》云：「陽不離陰，陰不離陽，陰陽相濟，方為懂勁。」董太老師講：「常人皆知練拳時，左腿實右腿變虛；如若右腿實，左腿變虛，固為虛實。再言弓腿為實，後腿為虛則錯矣！」老師講：「攻腿時注意於後腳，挫腿時注意於前腳。」據老子「知雄守雌」之義，用之於拳當為「知陽守陰」或「知虛守實」可耳。

　　老師曾講：「左右兩胛骨要在後合住，蓄到極時，開一指寬的縫。左右兩骼骨亦要能開合，平時像胛骨一樣合住，蓄到極時，略開小縫。此為使手肩圈與腿胯圈各自完整一體，以便與身體相對反向盪動。」

　　老師曾言：「手腳是長在腰上。」吾感覺手臂似乎是連在「膈關」（胛骨下尖下面稍偏內側處左右各一點）上，腳是連在「關元俞」（骼骨上部突起處偏下稍內側左右各一點）上。這樣能收住內肩胯，可做到沉肩、鬆胯，而不是肩部下壓或胯橫向拆開。進而又覺得好像是膝管罩住腳趾，分別令大、二趾或三、四、五趾加意著力。胯管住身體中線時時在兩腳窩連線之上，不致前俯或後仰。肩管罩住腳跟，分別使腳跟內側或外側加意著力。

　　舉凡前攻時，前半身上下伸張，後半身上下鬆攏，前

---

① 榮璋：謝榮璋，謝榮康之二弟，曾從樂幻智習拳，現居美國。
② 榮滬：謝榮滬，謝榮康之三弟，樂幻智學生，後從樂奐習拳，現居上海。

膝罩住前腳大、二趾加意著力，前肩罩住前腳跟內側加意著力；後膝罩住後腳三、四、五趾加意著力，後肩罩住後腳跟外側加意著力。後挫時則前後相反。

如是則身形時時正直，四圍平衡，兩腳時時平踏，腳可較少橫力，隨之身體各部之無序橫力也可逐漸消解。佛陀八十種好相之一為「平足」，是足底均勻平踏，不是醫學上足弓乏力之「病足」也。

耳朵管住掌指，使之在空間相對定位，並相對地直進直出。

身體靜態時粗分為中心部，內耳肩胯，外耳肩胯，手等層次。練拳動作時，左右半身分判陰陽。前攻時前陽後陰，陽側半身上下伸展，則橫向內外耳肩胯自然合攏；陰側半身上下鬆攏，則橫向內外耳肩胯自然分開。於是前攻時：形成中心部與前內耳肩胯為內層，前外耳肩胯與後內耳肩胯為第二層，前手與後外肩胯為第三層，後手與前出之勁意為外層。

後挫時：中心部與後內耳肩胯為內層，後外耳肩胯與前內耳肩胯為第二層，後手與前外耳肩胯為第三層，前手與身後盪出之勁意為外層。如是，整個練拳過程中，左右內耳肩胯與中心部皆是一體而動，對中心部無擠壓、曲折或扭轉之岔動力，所以中心部始終安穩、鬆盪、平易、自如，以利更好發揮能動之引導作用。

練單姿勢也同樣需要身體左右側陰陽相濟，如是身體中心部始終可以是鬆盪自如的。另外上起時，如音樂指揮之拋起動作或如升放焰火，一氣呵成，一次到位；下降時如降落傘徐徐落下。練拳也是起動時，整體一收整，令

上、外騰起，並與內、下分開，在前進或後退過程中徐徐落放而下，做到流暢自如，一以貫之。

　　關於老師練拳著皮拖鞋，估摸大根有足底平踏（足底不致越出鞋底），以及消減無序橫力之道理。老師前期對學拳者曾說過：「你們不能穿拖鞋練拳。」也說過：「要穿皮底布鞋在打蠟地板上練拳。」想是一般無序橫力較多，有需要在鞋幫上橫向借力以平衡之，否則練拳多有不便。再是足髁、足弓之力不足，難以支撐身體豎直，也不易做到在練分腳、擺蓮腿時，使鞋子不脫落等原因。

　　老師穿過的皮拖鞋，前面五個腳趾部位有五個深陷的坑，說明練拳或平時腳趾是著力的，用以保持足底平踏，可以消減足底之橫力與周身之無序橫力。

請璋、滬二兄指正

敦、蔚、倫諸侄[3]均此

2001 年 4 月 17 日

---

③　敦、蔚、倫諸侄：敦，謝敦賢，小名惇惇；蔚，謝曉賢，謝敦賢姐，
　　小名蔚蔚；倫，謝倫賢，小名倫倫。敦、蔚、倫都是謝榮康親侄，從
　　謝榮康學拳，現均居美國。

與樂瞳①討論練拳之心法、規矩

　　瞳自西安過京，行將返申。前諾為寫練拳數則，今以爺爺②教語應之。

　　爺爺授拳，心法最要，如「每天練拳前，先發願打掉眾生一切黑業」「練拳即學佛，要一法到底」，又「要從心底用功夫」「不擾有情」和「古之學者為己，今之學者為人」等，說的是練拳為助人、練身、修心、學佛的高標準。

　　爺爺授拳，主要規範是：「挺腰」（一般多誤為髖、下背、後腰一齊前挺，其實髖、夾脊、腰部左右兩大筋均需同時後涵，只有腰椎在裡面前挺）、「下樁」（一般多誤為腿腳下蹲，其實樁者脊柱也，只有脊柱相對下沉才是下樁）、「手高」（非抬手抬肩，而是沉內肩、挺內腰之結果）。每觀看教授學生練拳，總是重複這幾句，可見是最緊要、最簡明的法門。腰不挺，腰不能得鬆，不能得活，脊柱上下不能得伸縮運動；樁不下，髖（內胯）胯不能得開，腿胯圈不能得脫開小腹身體；手不高，胛（內肩）肩不能得開，手肩圈不能得脫開心肺身體。這三句為做到：中心鬆活、層層脫開（由內到外，中脈、脊柱、內肩胯、腿外胯圈、手外肩圈，最外是頭感知圈）、各不相

---

① 樂瞳：樂亶長子，自幼從父習拳，後跟隨諸師伯師叔研習，現居上海。

② 爺爺：指樂幻智。此文是寫給家中晚輩的。

擾、橫豎相協、動靜自如。看來難的不是不相信、記不牢
或做不到，而是難在心甘情願去做和在行立坐臥中綿密不
斷地去做，是不是還要回到心法上來求解。因為，挺腰是
生火，是燒掉眾生黑業，是佈施；挺腰是持勤戒惰，是持
戒；挺腰要不斷承受各種內外魔業的滋擾，是忍辱；挺腰
是爺爺講的「練拳上了路，一日何止千里」，是精進；挺
腰能鬆活，能無礙，能安定，是禪定；挺腰能圓滿，能生
出一切善法，是智慧。所以說，只要是下了決心實地修習
菩薩行的自然就會願意和不斷地挺腰了。

　　爺爺偶爾說到的有關法要還有，「左右兩胛要合牢，
蓄到開時有一指寬的縫」，「兩髂也一樣，也要能開合」
（以上都是與陳娘娘說的）；「胯要開，脊椎要下去」
（與王瑞芝先生語）。這些都有助於手肩成圈成套，腳胯
成盤成臼，都脫開身體，而身體則像釣魚的浮漂一樣，自
由自在，不依手腳，自如行動。凡事有所倚靠（超過正常
合作），即成障礙，慎之慎之。

　　爺爺有關驗證拳之教導：一曰，「十八歲練到橫平豎
直，的角四方，以後再練圓。練是從方到圓，用是從圓到
方。走是圓，一停就是打，是方」。二是出自李蓮寶伯伯
的三問：「太極拳怎樣才算練好了？」第一次答「全身用
力均勻」；第二次答「鬆而有力」；第三次答「周身各處
均合理」。豈是，眾生平等，體性明空，覺慧圓滿之謂。

　　謹記爺爺教語，書與瞳侄諸兒共勉。

1993 年 5 月 11 日

關於練拳數則

▌挺　腰

　　謙敷地，敬連天；挺腰溝天地、育正氣、生智慧，以成其為人；經云「命意源頭在腰際」，故挺腰實為練拳之第一關要。

　　要點為背椎之底與底椎之上同時後涵，即腰之上、下均隨之後涵，才能助成挺腰之勢。

　　挺腰非中腰在空間位置前挺，而是中腰保持前後之中位，同時上下後涵自成。

　　切記保持空間中點定位，是以體內的相對運動而成，即以相對之動，達到空間之定。

▌下　椿

　　為接地，亦即與地「推手」之要。椿者脊柱也。師言「胯要開，脊椎要下去」，就是脊柱懸掛在盆胯圈上，時時脊柱懸垂低於胯，而不能在胯之上形成傾斜壓胯。

　　第二義是脊椎以命門、會陰之直線，垂直朝腳心（腳弓內側之空處）鬆下去。其時趾讓踝，踝讓膝，膝讓胯，胯讓身，形成下盤讓空合抱之勢。前後兩個中定皆是如此下椿。下椿之腳虛涵合抱為虛，另腳橫向支張（兩膝近90°）為實。

■ 手　高

為連天，亦即與天「推手」之要。

第一義是手高才能得四周之平衡，即與後胛之平衡，與兩旁肩肘之平衡。

第二義是手高了手肩胛圈才能脫開身體，不依身體，不攪軋身體，才能蔭護腿胯圈。

第三義是手高了才能脊柱曲疊舒伸，斂到中脈。

■ 中　定

宋氏言：「腳之所在為中央之土，八門五步皆以中央為準。」內外之分，也以中央為準，是為中。定者，內外層次分明，互為謙容，不相擠擾，無知無邪，若是赤子，可靜可動，是為定。

趾踵抱踝，踝膝抱胯，腿胯抱身，臀護踵，肩背護臀，手肩胛圈包腿胯圈，頭之感知圈蔭護全身，上下騰空，四周圓滿，不出銳角支（室）點，此為靜定。

動定者，前進退後，時時保持靜定之準則，然而中線之義有所不同。靜時為重力線，動時為綜合力線。

師言「每一勢須將發動之點同後腳成一直線」者，此力線顯非重力垂線也。進之後，前腳抱（身「攏」過去成抱），後腳橫支（支腳為實）兩膝腿面近 90°；退之後，後腳抱（身「鬆」下去成抱），前腳橫支（支腳為實），兩膝腿面近 90°；進之前，後腳轉橫支為實，前腳漸轉抱為虛，兩膝腿面仍近 90°。如是方能時時保持脊柱中正且

會陰之中線不離腳心或兩腳心之連線。

■ 知陽守陰

經云：「陰陽相濟，方為懂勁。」勁之運動順向面為陽，逆向面為陰。

陰者主靜（空間之靜，以反向之相對運動得靜，即以反動求靜），是以勁進注意於後，勁退注意於前。收蓄注意於外，發放注意於內。上擎注意於下，下坐注意於上。脊在胯下（內），骶、內胯在肩胛之內（下），踵在骶內（下）。

耕耘是陰，收穫為陽；積因是陰，果報為陽；創造條件是陰，順理成章是陽；豎向為陰，橫向為陽；自身無礙為陰，拳能化人為陽。「只問耕耘，不問收穫」亦是知陽守陰之教例。是以練拳之一進一退都應使具充分之理由或條件。

勁退的前半動作是前為陰，頭在前腳；勁退之後半動作，前為陰過渡到後為陰，頭漸移到後腳。勁進反之亦然。

「一處有一處虛實」，是謂同一時刻各處虛實不同，大致相鄰關節，相鄰層的虛實相反，各層各節依次反映到外面（前後、上下、左右）都是有虛實之別。

「處處總此一虛實」即陰陽相濟，無有別物也。

李傳拳，發放跟步之腳橫支為實，否則勁將中斷。楊傳拳，倒攆猴、退步跨虎、撇身錘等諸式，勁向前，後為實。

■ 無　礙

「極柔軟然後極堅剛」「身柔軟」（八十種好第十二），柔軟者，從下到上、從裡到外揉動無礙也。

第一義為求空間之靜定無礙，如退蓄前半，手、上（外）肩、膝、下（外）胯在空間定位；發放時，內肩胯、身體正立按直線前進之空間定向，均是依靠其他部位之極柔軟而致者。

第二義是曲中求直，橫向無論收發均是中空以令手或勁走直線。中空者豎向橫向統統讓開也。對發放，即「主宰於腰」「發於腳」直接「形於手指」；對收轉，則是手走最短之路徑，無因某處生礙而兜大圈子耳。蓋有圈印有支點（不相對動之點）。若內肩反向盪動，則手掌圈印相形減小。消圈非無圈，謂外觀上之勻開與消隱也。故曰：外圈內消，左圈（右）右（左）消，上圈下消，前圈後消。周身勻開以至直行無礙。

第三義是身上各部位互相容納，都願為「別人」創造條件。如盆骶要後涵以容納小腹；下背要後涵以容納肝膽脾胃；肩胛圈要後涵以容納心肺。臍不出，腹不現，細腹（八十種好第五十七、五十八、五十九）。如此種種。容己者定（才）可容人，是亦修身處世之要道也。

■ 鬆

鬆者，上下、左右、前後俱都力平衡也。平衡有半斤八兩之意，也有陰陽相濟之意。對己，各部位相容相讓，

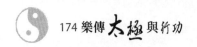

各不妨礙。對外力（包括重力），「左重則左虛，右重則右杳」，陰陽相濟也。

鬆而能通，能生通體協通之力。「鬆而有力」者，「似鬆非鬆，將展未展」，做到全身鬆活無支扭處，自然生出不思議之對外掤力及走化力。

■ 開　弓

經云：「蓄勁如開弓。」周身凡百多張弓，而腰脊、腿腳胯圈與手肩胛圈匯為三張主弓。李言「引到身前勁始蓄」，言轉換末尾始蓄而未到開蓄。李言「鬆開全身勿使曲」，謂「開」勢令全身各處均成大弧度，不出銳角與折取即百多張弓齊開。此言開弓之時與勢。

1993 年 12 月 31 日

恭仰董太老師拳像[①]記

　　去歲八月上海，蒙榮康兄轉贈董太老師演拳錄影光碟，返京複製若干以周同志，且時時恭仰。正正未見著老師示拳，今見董太老師拳像，但覺不使力而勁聚，不添意而勢滿，似無心而成拳，似有拳而竟空。恍悟練拳原來如此。比照老師，古聖賢哲之教語以及平日之習得，若合一契，覺從此可放心循此而進矣。每敬念董太老師拳像之際，往往自然浮現老師與眾賢哲之教語，猶可以之為拳像作應有的詮證云，茲恭錄於後。

■ 老師言教

- 或問持戒，師言：「非禮勿視，非禮勿聽，非禮勿言，非禮勿動。能全做到，就夠了。」
- 問學佛持何戒，師言：「菩薩以不擾一有情為戒。」
- 師言：「要辨別起心動念是為人還是為己，一念為己就是不對，此亦是辨正邪的尺度。」
- 師言：「天道若夷。矯奇詭譎，不合情理者，必非正道。平易近人，平正通達，雖不中，不遠矣。」
- 師言：「開始打拳前，先發願要打掉眾生的一切黑

---

① 本文係樂匋先生在看到董英傑先生打拳的視訊影像後而作。

業。」「練拳時注意，下樁、挺腰、手高。向前注意於後腳，向後注意於前腳。」「吾之授拳，難期近成，但留種子耳。」

■ 賢哲言教

- 仰山：「一二二三子，平目復仰視。兩口一無舌，此是吾宗旨。」
- 曹山：語紙衣「汝只解恁麼去，何不解恁麼來」。紙問「一靈真性不假胞胎時如何」，山曰「未是妙」，紙問「如何是妙」，山曰「不借借」，紙珍重便化（董太老師拳意：恭敬禮佛，珍重化去）。

  曹示頌曰：「覺性圓明無相身，莫將知見妄疏親，念異便於玄體昧，心差不與道為鄰。情分萬法枕前鏡，識鑑多端喪本真。如是句中全曉會，了然無事昔時人。」
- 洞山示頌：「學者恆沙無一悟，過在尋他舌頭路。欲得忘形泯蹤跡，努力殷勤空裡步。」（拳之身手步，首在輕粘輕敷，即有少許反力亦在心中身上化淨，渾若身手步皆無。宜是忘形空裡步之一例，誠然，偈中指的是一切受、想、行、識皆宜如是。）
- 隱山留詩洞山：「三間茅屋從來住，一道神光萬境閒。莫拿是非來辨我，浮生穿鑿不相關。」
- 夾山語洛浦：「燭明千里像，暗室老僧迷。」

（暗中之微亮，可明千里，已是俱足，過之即生暗迷。拳經云「無過不及」亦是意。）

- 洛浦：「玄像成於未形，虛勞煩於飾彩。」示寂：「出家之法，長物不留。播種之時，切宜減省。締構之務，悉從廢停。流光迅速，大道玄深。苟或因循，曷由體悟。」（息分別、罷罣礙、慎種因、廢飾彩、上大路、不猶豫，自可精進也。）

- 永明壽：「以行跡言，文采生時，執方便門，障真實道，要須如百尺竿頭放身可爾。」

- 老子：「用之不勤，綿綿若存。」（拳之「一到就走」在於用之輕，甚少過度之遺留需清理者，於是可綿綿耳。）

- 《莊子·達生》「紀省子為王養鬥雞」：十日而問，曰「未也，方虛驕而恃氣」；十日又問，曰「未也，猶應響影」；十日又問，曰「未也，猶疾視而盛氣」；十日又問，曰「幾矣，雞雖有鳴者，已無變矣，望之若木雞矣，其德全矣。異雞無敢應者，反走矣」。

- 臨濟：「沿流不止問如何，真照無邊說似他。離名離相人不稟，吹毛用了急須磨。」（吹毛之用，輕之又輕，仍急須磨，無令虧損。亦是不欠不過，不丟不頂，從容中道之意。）

- 大慧杲：「不知自性原非塵境，是個微妙大解脫門。」（本是無為法成就之別，即拳練得對否亦如是。即是老師講，乃「留種子」，非練法也。

恭仰董太老師的演拳，覺得真好，生歡喜心，現對錯是非之泯滅，無為法之成就，遠非具體之練法。初祖至於六祖亦是留此種子，平淡之至，但足以發芽壯大，是歟。）

- 永嘉證道歌：「定慧圓明不滯空。」
- 佛果：「但只退步，愈退愈明，愈不會愈有力量。」
- 布袋和尚：「手捻秧苗種福田，低頭便見水中天。六根清淨方成稻，退後原來是向前。」
- 湛愚：（大意）歷來各大祖師唯教人不要熱忙，須知只是一現成佛法。
- 南懷瑾：「當初的也是最後的，最後的也是當初的。」「收縮身心，轉變心性，變化氣質。」（練拳自亦是身心定慧之學，拳經云：「靜中蓄動動有靜，因敵變化示神奇。」「刻刻留心在腰間，腹內鬆淨氣騰然。」顯是靜定生慧成用之意也。）

2003 年 7 月 23 日入暑日集

▌補　記

- 臂手行雲，腿腳流水，拳走波浪。
- 腰脊之分寸：命門前骶中線謂三分；骶盆後兜容納下腹謂四分；背椎底節後讓容納上腹謂五分；尾尖前鉤中線底端謂六分；仰脯天突後靠中線為

七分；沉頰頭頂掛住中線頂端，頂尾聯應謂八分；毛髮指趾尖俱貫通謂九分；無形無象，全體透空近十分。自忖能到幾分，退下半分才近真實。

- 身形：內外七處「前中後」。（內四外三，根據掛於頂，前倚天突，後靠命門，下鉤尾尖的中線及其延長垂線為「中」，各組「前」「後」重與力相均衡。）

  內一：頰、頂、枕；

  內二：脯、天突、胛；

  內三：臍下、命門、背椎底節；

  內四：趾骨、尾尖、骶。

  外一：手、肘（位於中後近腰窩處）、肩（位於肘後、並臀後）；

  外二：膝、胯（身前曰胯，側為股頭，下為襠。胯在尾前）、髂上沿；

  外三：趾與前足掌、腳弓窩、踵。

  四肢各相同關節之連線，均不宜入侵中線，且各關節之間亦宜力線錯開，以免自相衝軋，失去均衡。

- 手的作用是推還是吸，腳的作用是撐還是拉，都不是，在兩者之間。

- 肩胯是臂腿的末節，仍屬縱向七分舒展的範圍。髂胛則屬於身體橫向七分斂聚的範圍（內斂則外掤）。臂肩圈、腿胯圈始終成圓（「上下一條線，全憑兩平轉」「上下相隨」）。

- 心放下一寸。前中氣海移下二寸，練拳時心氣之起落在下一寸二寸之間，不可上頂。心鬆，氣鬆，身手腳才得鬆耳。

- 但只退而求之（求其本源），即：返具體到一般，退複雜到簡單；返造作到自然，退成形到未形；返有象到無象，退有為到無為；返高明到平易，退熟習到不會；返虛假為真實，退陰陽到太極。

2003 年 10 月 20 日

與鄭家鼐[1]師兄切磋練拳

　　吾輩練拳多在於體悟近道，循以求「內明」「知己」「致柔」學問。自從恭仰董太老師拳像，豁然感到拳原來是這樣練的：不作勁、不添加、不高明、不精彩、不過分、不追求，內外相成，上下相隨，省心省力，綿綿不斷，自然平實，簡單易行。顯現「無形無象，全體透空」「隨順覺性，緣起性空」之景象。

　　試奉舉聖賢先哲與老師教言，指引點撥練拳感覺，敬期諸位師兄教之。

- 老子：「慈、儉、不敢為天下先。」
  孔子：「仁、約、謙。」
  釋迦：「悲、願、行。」
  仰山：「兩口一無舌。」
  洞山：「過者尋他舌頭路。」
  夾山：「燭明千里像。」
  洛浦：「玄象成於未形；出家之法，長物不留；播種之時，切宜減省；締構之務，悉從廢停。」
  永明壽：「文采生時障真實道。」
  臨濟：「吹毛用了急須磨。」
  佛果：「愈退愈明，愈不會愈有力量。」
  倓虛：「行起解滅；如來家當，最忌裝潢。」

---

[1]　鄭家鼐：樂幻智學生，後從樂亶習拳，再與顧梅聖、謝榮康一起切磋，已去世。

- 拳論:「手與肩平,胯與膝平。」「上下一條線,全憑兩平轉;身雖動,心貴靜;左重則左虛,右重則右杳。」「步隨身換;上下相隨;腰脊、喉頭、地心為三主宰,丹田、掌指、足掌為三賓輔。」

  董太老師單獨教老師一個下午的攬雀尾,說:「好了!以後就照這樣練。」

- 老師教言:「用力均勻,鬆而有力,身上各處都合理」「腰要挺,脊椎骨要下去」「雙胛要合牢,蓄到時開一指縫」「雙髂亦要能開合一指」「虛靈頂勁,人都謂頭頂,實是指趾尖」「向前,注意於後腳;退後,注意於前腳」「手腳長在腰上」「是坐腿發勁」「是裡外兩個人練拳」「練拳之前,先發願打掉眾生一切黑業」「一到就走」「不擾有情」「要從心底用功夫」。

■ 練拳感覺

- 上下:

  合胛扳背(不宜挺上背或下背),命門到位。肩在髂後,身得鬆活。脯自然仰,肋底自然突,依然虛含胸腹,氣貼於背。沉頦鬆頸,頭頂到位,虛含頭部各內腔壁。枕骨置大椎後可得鬆活。合臀平胯(外內胯亦即上下胯),仰骶鬆骶,尾椎沉於胯下到位,膝得鬆讓。提升足弓,正立腳踝,放鬆蹠趾,增多踝蹠兩處提供上下彈性之部

位。各部都合理就位，指趾尖都與命門相聯，上下互不頂壓，身子如釣魚之浮標升降自如，最後命門才得鬆活，才能起主宰指揮作用。蓋從豎動引出橫動是內勁（整體勁）之一例也。

- 左右：

  左右分陰陽，陰陽不斷反覆。手掌與足掌趾皆上動為陽，下動為陰，同側上下相隨一致。足掌趾踏實，踵虛起為陰；踵立實，足掌趾虛起為陽。此類手足之協調動作，以轆轤式單姿勢驗之最明顯，即當一手向上外劃大圈時，同側的足掌趾也隨之向上外變虛；而另一手向下內劃小圈，該側的足掌趾也隨之向下內踏實。拳式向前時，後側實（陰）前側虛（陽）；向後時，前側實（陰）後側虛（陽）。

- 內外：

  人體上下縱向除中線外，還可分三層圈：

  第一圈，前為鼻、臍、恥骨，後為枕、大椎、尾後，如一完整套筒構成內圈；

  第二圈，內肩胯如一充液軟套筒作為中間層；

  第三圈，外肩胯如一完整套筒，構成外圈。

  外圈（包括手腳）兩側判分陰陽，內圈前面鼻、臍、恥骨恆轉向陽側，後面枕、大椎、尾後恆轉向陰側。

  外圈與內圈皆上下整體而動，外肩胯形成之面與內圈的前後之面約成 60°角。中間層隨順滑動，助成內外圈之相對動作。

此三層圈之動作特點在坐式轉頸、轉腰，坐、立抱腿及拳式中都很明顯。再者，行路、上下樓梯、坐、臥都宜分陰陽和陰陽反覆，苟如是則內裡臟腑和全身細胞幸何如之。

- 陰側手足肩胯朝向動向後外伸展碾實勿丟，陽側手膝肩胯向前內靠攏提虛勿卸，即拳論云：「狀若抱魚，頭大尾尖。」陰側手足肩胯碾展佈實，同時內圈後三（枕骨、大椎、尾後）轉向陰側，形成外圈陰側展翻；內圈前三（鼻、臍、恥骨）旋向陽面，帶動陽手腳出去，形成外圈陽側捲抱。在未轉換之前，保持陰側之實勢勿丟，則陽側之虛勢自亦不減也。

- 臂手、腿足之抬放，不宜用局部肌肉之伸縮或某關節之筋腱指揮，否則局部緊而不鬆，屬於外力。特別不可腹肌用力，否則腹內難以鬆淨。而應逐漸習慣用腰（命門）指揮全體輕輕合力帶起或放下手腳。

  平時動作都需留意，練拳更宜如是。所以老師說：「手腳長在腰上。」

- 呂祖「百字銘」與練拳十分親貼。

  「養氣忘言守，降心為不為。」遇事不找理由，無須解釋，自然心定，是練拳又不在拳中，似處於拳外。不把它當成事情來操辦，一順自然，回到本來面目。

  「動靜知宗祖，無事更尋誰。」動靜皆一太極圈，顯者為動，微動而極小為靜，故靜者明而活也。起

心動念有傾向即成箭頭，一去回不來。不若太極圈，動靜變化，全在其中，陰陽可反覆，如物理學中之可逆系統耳。

「真常須應物，應物要不迷。」老老實實練拳，不可迷執走火。

「不迷性自住，性住氣自回。」心念穩當，氣自然轉回來形成太極圈。例如，老師門口送客回二樓，上樓梯舉步前，先脊椎向下一沉。再如，孫老、李佩卿、瑞師拉琴起弓不是從零速突然開始，而是先下送再輕擦琴絃起音，所以音是柔韌的、連續的。想都是太極圈之理。

2005 年 2 月 4 日

第四篇

習拳細則與手稿散記

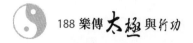

習拳淺記

《莊子·說劍》中「示之以虛，開之以利，後之以發，先之以至」是高級之劍術或拳理。虛者，虛靈頂勁之虛也。時人對虛靈頂勁，多解作「虛靈為精神意識，頭頂帶勁為實事」。進解應是「將是上各部處於頂（對外）部之勁，都應保持虛涵與空靈」（老師語嚴大哥，人多解頂勁為頭頂，實際上指尖也要保持虛靈頂勁。吾意肩頂、後背、臂肩、趾尖、踵、踝等俱應保持虛靈），是以虛靈是勁是實際物事。

虛涵之所以無我無為而有無形之威懾力者，在於非一虛到底，而是虛實分層相隔而同時存焉。粗言之，「引→鬆」階段，指尖為虛，掌中橫紋為實，腕虛、肘實、肩虛、腰實。「放」「擎」則反之。即是「單刀會」或戰前沉寂之虛，虛示而實備之虛涵也。「示人以虛」者，使人不明所以，不知所措，無所借勁，一般靠借勁之架子，本身就散了。對己則是警戒、靈敏、無礙、無拙之必須也。

「開之以利」，開者啟動也，利者利物也，物者劍也，人我之身體各部也，亦即「務令順遂，乃能便利從心」。「後之以發」者，待契合人之圈，隨之圈而發也，蓄而後發也。「先之而至」者，不期至而至，猶在吾意之先而至也。

《莊子》「庖丁解牛」的故事中，「每至於族，吾見其難為，怵然為戒，視為止，行為遲。動刀甚微，而謋然已解，如土委地。」不期解而解，是先至之意也。

　　要練來順遂，要在利用好重力與慣性，即靜平衡與動平衡，再是要自身無礙，即在著力線上（包括重力線與人我力線），各關節均須讓開力線，且要互相錯讓開，以免軋牢。自身無礙及動靜平衡之輔助練法為單足提起轉胯、轉膝之單姿勢。檢驗是否平衡，即是看腳底是否均勻，手感（腳感）是否連續細微。

　　靜平衡及無礙之要點為，著地腳外圈（自足根外繞至拇趾）著地，中點騰空（腳弓內側），踝外側在腳圈之外，膝在踝圈之外，胯在膝圈之外，肩在胯圈之外，如左腳著地，則左胯左腳心之左側，右肩在右側，腳心、左胯、右肩三點保持好靜平衡。

　　檢驗之法為是否腳底著力均勻，久立不酸，氣平心靜。此時，右胯（提足之胯）與左肩為動平衡，即騰起無重感，且以左腳心為中心相反而動。

　　擎引鬆放之要點：練拳時，「擎」之要點為中腰向前發動，向前挺舉到鬆。「引」之要點在肩胯之動、靜平衡。「鬆」之要點在鬆開腕、踝（即踝中吸氣鼓起鬆開）。「放」之要點在眼光前射無礙（略偏上）。

　　重心之要點為：「擎」時由雙足著力轉為單足著力。「引」時輪流單足著力（一般以前足為先）。「鬆」時單足著力轉為雙足著力。「放」時雙足著力。眼光之用，放時眼光射出光子；擎時光流瀉罩四周，引時左右顧盼，補護側面並開啟（光控敏感元件）該側身上之敏感元件，保持更靈敏狀態；鬆時斂神待放。

　　再著重述擎引。擎時中腰前送而脊柱鬆，勁送到指趾尖，鬆膝，重心前移到前足，成擎勢。引時，（以右足前

先展引為例）右胯、左肩分在右足之兩側成靜平衡，在身前圈住少動；右肩手、左胯腳成動平衡展引開啟，右肩左胯在身後相呼應，此為第一引由下脊（底椎）發動，兩手兩腳如對角位手絹然。待重心自然移至左腳，即由上脊（脊柱）發動為第二引，其時右肩右胯在身前圈住保持靜平衡；左肩手、右胯腳成動平衡展引。所謂展引者，啟動後先展後引，邊展邊引也。

自然順圈之說，蓋由練拳為外練光子、內練電子而來。光子流順應日（男）、月（女）之自然（由東經上向西）之光子流。是以男者於後半夜及上午面南、下午面北，手豎圈及眼光圈順應日光流之方向，是為順圈。腹內電子圈水平之方向按右手定則，產生向上之磁力線為上午之順圈；產生向下之磁線則為下午之順圈。此為應合陽氣之上升與下降。腹內電子圈與手劃之電子圈之垂直方向，則按上午面南、下午南北，產生與自北而南之地磁線相應合之磁線為順圈。

練拳擎後始引，手腕之起動圈為垂直圈，其起動半圈應為順圈，以引動腹內電子圈按順向流動也。女子則為上午面北，下午面南，合上午月降（陰氣降），下午月升（陰氣升）也。

各項練拳感覺，每今是而昨非，實不敢成文。今為同好切磋，信手寫來，作為一隅之參考耳。

1987 年 3 月 12 日

練拳中之『陰陽相濟』

　　李蓮寶師兄曾歷詣老師，三問：「拳，怎樣算是練好了？」一答：「太極者，用力均也。」二答：「鬆而有力。」三答：「身上各處都合理。」

　　拳經有云：「須知陰陽相濟，方為懂勁。」蓋循此以求達三問之旨也。文中加黑字為老師原話。

　　　　左右半身分陰陽，陽側陽面管提升，
　　　　陰側陰面管鬆沉，中層靠陽陰遠盪，
　　　　甩盪揮灑在陰側，穩準細微在陽邊，
　　　　陰陽礳磨生雷電，發乎內而形於外。

　　　　身肢輻向分三層，中層恆陽性宜展，
　　　　間層恆陰性柔順，外層有陽亦有陰，
　　　　背臀為陽面腹陰，肢外為陽內側陰，
　　　　層間異吸同相斥，中間鼓盪成拳勢[1]。

　　　　陰側不丟三四五[2]，上下左右齊開卷，
　　　　陽側毋忘丁字胯[3]，豎身懸騰樁旋下，
　　　　進正退側內肩胯，陽褪陰腴如牌位，

---

[1] 關注中層、間層。
[2] 關註腳趾、手指。老師言：「攻腿注意於後腳，坐腿注意於前腳。」
[3] 陽內胯後褪（音ㄊㄨㄣˋ），陰內胯前腴，大腿成丁字。

二十指趾勁貫尖[4]，周身關節鼓均勻。

肩護大椎胛護心，肘護腰腎腕護喉，
掌指耳目頂照身，髖衛丹田胯兜尾，
踝兜地心膝護襠，弓護腳心趾衛泉，
腳心養陰頂統陽，命門居中眾星拱。

外展**收斂**同時在[5]，命門前脈至關要，
有擴有含才是含，前擴胸肋內含胸，
後擴髂胛離胸腹，合胛合胯不可誤，
命門內胯位交錯，進退之機命門先。

動作之先勁內換，內肩胯旋換進退，
外肩胯與肘手膝，反向整旋外若定，
無形無象換勁時，身腿穩定放如線，
挺腰豎身終不移，一動無不相對動。

一學蜻蜓液裏中，三十重力亦泰然[6]，
二效章魚身肢軟，決策執行兩不干，
三仿世貿雙構架，承重抗風各分擔，
四撥浪鼓內到外，內外旋撞勢絕倫。

---

[4] 樂匋語：「人皆謂虛靈頂勁在頭頂，非也，是在指尖。」
[5] 樂匋筆記：「能用收斂筋骨之力，始能堅剛無倫矣，亦可謂之有根之勁矣。」
[6] 蜻蜓可承受 30 倍重力加速度。一般飛行員承受 4 倍重力加速度即失知覺，而戰機可承受 10 倍重力加速度。

挺腰下樁又手高，手腳連結在腰上，
挺腰只是挺命門，下樁陽懸陰側下，
驚開內外與上下，手高呈樹又似花，
贏得寬裕翔悠盪，身肢周中都圓滿。

1995 年 1 月 6 日

拳之陰陽虛實

舉凡陰為本為源為因，陽為生為起為果。陰實而陽虛。經云：「虛實宜分清楚，一處有一處虛實，處處總此一虛實。」又云：「陰陽相濟，方為懂勁。」懂勁者，知理知守也。

腳為陰經之會，陰之至也；又云腳為第二之心臟，主身體之搏，陽之極也。頭為六陽之首，至陽也；又為人體最重之部位，至陰也。是以陰陽相值，濟化而為不同之用耳。

老氏「知陽守陰」之說，言意念宜置於陰所，如頭常在陰腳一側是。此指陰陽已分，動作起而未終之過程而言。而「陰之至而陽生」是動作之緣與始，需頭換置於虛腳上，使之變實，豎向實而橫動自生，恰補老氏言而成圓融體系耶。

於拳是上為陽下為陰，前為陽後為陰（以勁力之同方向為前，反方向為後，非僅指身向之前後），外為陽內為陰，橫為陽豎為陰。是故動作與勁力均宜是由下向上，出內而外，有後而前，有豎而橫，始稱順遂，如豎沉而橫自出，豎展而橫自固定等是。而無下之上，無內之外，無後之前，無豎之橫，悉為無源之水，無本之木矣。

拳宜上下虛懸，前後騰讓。令身體各部（小如眼球、鼻腔、口、齒、足踝，大如大小腦、胸腹、盆骼）均四周上下如虛騰予空中上下虛懸者，即身體懸掛於虛腳之單胯

上，虛腳豎向伸展成裹勢，橫向自生圍定之力，致使重力分散於陽側體表，無應力集中處，印無上下頂壓處。

　　前後騰讓者，要點在做到順胯豎骼，使髖盆後豎以容讓小腹；又順肩豎胛，使胛後豎以容讓胸頸，以使身體各部之前後均有充分餘裕，互不擠靠。如是身體各部上下前後如虛懸於空中。起落動靜之勢有別而虛懸依然。人之立於地表非壓於地面，而是輕點輕粘於地。

　　蓋地為陰為實，人腳宜虛粘以應之。再人體之各部非遞壓至地以承載，而是如牽線木偶之拽掛於天上。

　　蓋天為陽為虛，人體各部用實掛以合之。上掛下粘，是以致騰然若懸也。舉凡豎向節分陰陽，相鄰節此陰彼陽；橫向層分陰陽，相鄰層此陰彼陽。以自然節自然層為基礎，愈分愈細則愈近天理自然，是以能各盡其性耳。深言之，此豈是繼承發揚人類祖先無數萬年經直立通天地生智慧，從動物走向智慧人類之努力耶？

1995 年 8 月

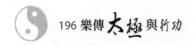

陰陽與中鋒

固定陰陽

中爻常收，上下常開。
陰者陽之，陽者陰之。
中線常空，身形常樹。
內外騰開，經脈暢通。

左右判分

左右半身，堅判陰陽。
領側為陽，隨側為陰。
縱陰橫陽，橫陰縱陽。
身即如是，手腳依然。

陰陽表象

陽半如殼，陰半如蠕。
陰擁陽抱，如合符一。
盪卦天邊，抱住一線。
天邊此地，其時俱在。

陰陽練法

陽側豎展，橫向砥抱。
陰側遠盪，身由後沉。
自勺越胛，過臀越踵。
前進後退，皆陰後沉。

陰陽總有

收即是放，有盪有抱。
分合同具，謂一合相。
知陽守陰，收穫耕耘。
高明中庸，諸聖通則。

時間節奏

走圓停方，一到就走。
進不見匆，退不覺遲。
從曲求直，由豎得橫。
自內而外，由體而肢。

身心呼吸

收縮身心，轉變心性。
心軟手順，成其中定。
息行中道，不擦不聲。
似有若無，達於踵趾。

中庸中鋒

退而前張，進而後盪。
不偏不倚，為云中庸。
沉之若懸，拾輕若重。
全體同協，庶近中鋒。

1998 年 12 月 24 日

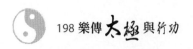

陰陽相濟歌

身肢縱心陽恆展，稍頂虛靈抽絲冉。
縱間層陰能逛盪，效仿蜻蜓載荷安。
身前陰斥陽後合，收牢六點①身不散。
肢肚陰斥背陽含，橈膝外內旋陰陽。

外耳肩胯位身外，左右陰陽轉輪換。
動向側陽背側陰，手肩腿胯同陰陽。
陰側斥離陽側合，身肢反盪勢波瀾。
身中砥陽後貼椎，四柱②拱獲腰頸站。

陽側轉陰作起動，轉陰主動陽隨裏。
身進肢退退而進，身退肢進進方閃。
陽腳著重一二趾，陰腳重在五四三。
意注動背加砝碼，知陽守陰循自然。
左起右落愛斯圈，男正女反兩樣轉。
曲眾為求身中直，手腳勁貼身後行。
一側全陰一側陽，陰陽無差身舒泰。
身舒迎來腑臟舒，無幾內外少罣礙。

2001 年 5 月

---

① 六點：左右玉枕、膈關、關元俞。
② 四柱：後面兩筋柱，前面兩氣柱。

身中豎立與浩然正氣

全體氣斂一條帶，後倚椎前前及喉。
下自尾尖上到頂，腰尾前迎臉喉褪。

中線倚陽陽自迎，身姿迎靠立中線。
身背恆陽前恆陰，頸頭前陽後恆陰。

左右陰陽常調換，動向側陽動背陰。
左陽倚左左迎砥，右陽倚右右靠近。

陰側猶有千斤重，陽側還似鴻毛輕。
虛實不言自清楚，輕靈沉重時相併。

中催陽砥陰側展，陽胯收提陽肩沉。
陰胯開沉陰肩懸，身中豎立可不移。

前進退後皆整實，靜動無漏遂可臻。
行立坐臥皆有以，虛實陰陽常相濟。

中線豎立謂挺腰，九分九半猶十分。
前人階梯跡可循，董師楊師並六祖。

中線立起生正氣，沛乎充塞天地間。

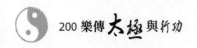

孟軻文山贊浩然，日星河岳同映輝。

2002 年 8 月 18 日

內外無礙　十方融圓

《易‧坤‧文言》曰：君子黃中通理。正位居體，美在其中，而暢於四肢，發於事業，美之至也。

正位居體，各司其職，命門前砥，喉頭後倚，
命門喉頭，中線立焉，胛肩髂胯，外開後沉。

師言挺腰，幅束內挺，後掤成圓，師言下樁，
坐兜胯沉，師言手高，胛合喉倚，背緊[1]臂舒。

敬惜部體，慈撫兜護，命門自挺，腰背自掤，
喉自倚持，樁自然沉，手自然懸，全體和諧。

畫棟朝飛，拎甩胛髂，十方圓立，指趾頭髮，
珠簾暮捲，中體領動，陽捲陰展，內外撥浪。[2]

拎甩得空，中領捲舒，擎攏拎甩，黏引捲舒，
鬆開拎甩，發放捲舒，退後進前，中線領牽。[3]

---

① 背緊：切向收緊，幅向騰開。
② 本段關注於身。除上下圈之外的身部分加上頭和頸，共同構成全體之內圈，統稱內。拎甩胛髂是上下、內外進一步騰出空裕。
③ 李亦畬前輩將拳之每式分解為「擎、引、鬆、放」4 個圈子。20 世紀80 年代樂匋先生曾參照八卦之演序將每式更析為「擎、攏、黏、引、鬆、開、發、放」8 個過程。中線在身之內，自尾尖，經命門前、天突、喉後至於頭頂，倚於脊柱之前。命門和喉頭可喻為胡琴的馬和千

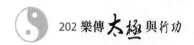

臂腿司橫，中內管豎，豎不參橫，橫不干豎，
腿不上頂，臂不下壓，臂腿橫力，不進中內。
雙邊胛肩，沉後引喉，兩邊胯坐，沉拱命門，
肩胯力線，不侵中內，內外空裕，不自打倒。

腰背後掤，沉固胛髖，腿臂指揮，髖背兩邊，
內整肢圈④，內外無礙，無著力處，十方融圓。

                                2002 年 10 月 7 日

斤。運動時，中線起到「牽一髮而動全身」和「一動無有不動」之作
用。其他皆無此威儀也。
④ 肢圈：臂、手、胛、肩及背肌腱連成一有機整體，組成上圈；腿、
足、胯、髂、坐骨部及髖部肌腱連成一有機整體，組成下圈。它們共
同構成全體之外圈，統稱外，頭上側角、耳、顱後為頭之外與上下外
圈相呼應。

夾坐合胛 肢前柔蠕 斂存一線 十方無虞

夾坐蠕舒膝前[1]，合胛蠕伸肘前，
命門前柢收喉，三四香爐朝天[2]。
身正腔壁騰開，臟腑歷歷懸空，
後天七舒心淨[3]，身中肢前柔蠕。
動向前方為陽，動向後方為陰，
拔腰身動向陽，肢前倒拖陰後。
肩沉胯升陽摺，胯沉肩升陰展，
立體開合[4]同演，進退衛星航天。
擎鬆調換陰陽，十面支撐內蠕，
引放拔腰揉走，身牽手足來去。
粘起斷而復連，黏隨綿密不斷，
擎引鬆放[5]一周，粘連黏隨兩遍。

---

[1] 夾坐蠕舒膝前：坐骨如鉗夾緊，則臀擁合、尾骨沉、恥骨升，密處深藏，同時膝前節蠕舒，則膝前節柔韌能蠕動助全體平衡，鬆而有力。胛骨合住（不用肩幫忙），同時肘前節蠕伸（小臂長出 1 公分，掌指又約 1 公分，總約 2 公分），則肘前柔韌能蠕動助全體平衡，鬆而有力。《拳經》「隨曲就伸」者，言曲伸不分家，蠕動之形也。
[2] 三四香爐朝天：頭頂、頸圈、盆髂為三，兩腕、雙踝為四。腕臂柔韌令掌指常立，踝脛柔韌並脛骨下端前挺令身中常豎。
[3] 後天七舒心淨：「七後天」包括肺、大腸、胃、肝、心、腎、小腸。
[4] 立體開合：陽側外肩胯斜向腰中斂合（其時身中向陽側迎靠）。陰側外肩胯順勢斜外張開，形如側飛燕翅。身子轉向陽側，形如直立書本，陽側摺捲、陰側翻開。
[5] 「擎、引、鬆、放」乃李亦畬前輩講的每式 4 個圈子，舉凡「擎」為換勁，「引」是退後，「鬆」為換勁，「放」是前進。

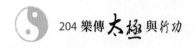
盪動無限有餘⑥，大小奇正和融，
心安指尖穩定，內外柔蠕抽絲。⑦
動作由內而外⑧，一動相對都動⑨，
全體斂存一線，十方三盤⑩無虞。

2002 年 12 月 1 日

---

⑥ 盪動無限有餘：身中為內，肢前為外，內外盪動皆宜有餘不盡，才能
　彈性柔韌，微動綿密相濟。

⑦ 樂甸語：「人言虛靈頂勁在頭頂，非也，在十指尖。」經云：「運勁
　如抽絲。」指尖在空中相對穩定，則內外抽絲，綿綿不絕矣。即如練
　劍，也需劍尖空中相對穩定，以運抽絲之內勁也。

⑧ 由內而外：拳經曰「蓄而後發」「步隨身換」，皆言以身帶肢。又曰
　「先在心，後在身」，由內而外之意愈明。

⑨ 一動相對都動：拳經曰「一動無有不動」，是指動起來時時處處都有
　相對的運動。如，「擎」「鬆」外視若靜，而「勁由內換」；「引」
　外示靜而內動，「放」則內如靜而外動。

⑩ 十方三盤：八方、上下合稱十方；上、中、下三盤。

頭正　拔脊　緊尾

頭正拔脊緊尾，身中自上而下[①]。

頭不俯就身肢，身不遷就手腳。

兩側前後相濟[②]，外圈自下而上[③]。

少陽少陰位正[④]，拳架內外無缺。

2003 年 1 月 25 日

---

① 身中自上而下：以豎向內外而言，自是身中最要。自上而下者，上面最重要，各處重要性依次自上排下。簡言之，是「上樑不正下樑歪」之意。首先必須胸乳以上兩先天穴位（氣、血）朝天，頭容正直，才得以引動腰脊拔直，最後自然傳到尾骨夾緊。

② 兩側前後相濟：兩側為陰為陽是隨著運動轉換的，即動向側為陽，動背側為陰。而前後的陰陽是固定的，即身前為陰，身後為陽；頭前、頸前為陽，頭後、頸後為陰。以兩側陰陽相濟為例，若兩手動作及用力對稱，身中即生擁堵之感，日久成傷，兩足若對稱則幾乎無法下樁及進退。

③ 外圈自下而上：外圈即身、頭、頸周與四肢。自下而上者，受重力之影響，下位不先正位，依次而上皆難正位也。

④ 少陽少陰位正：身側少陽、少陰之位點是指陰側少數陽點（占 1/3，其餘 2/3 為陰點）和陽側少數陰點（占 1/3，其餘 2/3 為陽點）。自下而上依次為「趾中、踵、膝、胯上、肩頭、掌根、指中、頸中、下巴根。」身前少陽點為恥骨，身後少陰點為尾骨。頭、頸前少陰點為下巴上、結下；頭、頸後少陽點為枕骨、頸中。陽位宜懸騰，掤張；陰位懸沉，鬆弛。位正指陰陽之正。

與小馬①討論拳之『動靜』與『腹內鬆淨』

經云：「**靜中蓄動動有靜。**」

句中的動靜是參照空間坐標而言的，亦即旁觀者覺察之動或靜。約言之，即收蓄階段手腳相對於空間基本靜止，其時身內（明顯在腰）在朝運動方向移動；發放階段，身內相對於空間基本不動，而手腳朝運動方向移動。

其中前段手腳的基本靜止與後段身內的基本不動，是由於內外放鬆脫開，大體上動量守恆而自然反向盪動形成的。若無此反向盪動，則將內外整體而動，達不到靜中有動、動中有靜的要求了。此種內外的相對盪動，自然地形成了「變轉虛實」（身內與手腳相對於空間先後的盪向方是陽，另方是陰）。

經又云：「**切記一動無有不動。**」

句中的「動」指身體各處都有相對的運動（不是參照空間坐標而言）。唯有這樣，才能做到「氣遍身軀不稍滯」耳。

經云：「**腹內鬆淨氣騰然。**」

首先要求在靜態情況下使小腹不要受到靜壓力和頂力，如身體前傾，骶骨前壓，造成對小腹的靜壓力；如胯、膝、足不鬆軟則對小腹有頂力；

其次，在運動情況下，無論身、肢都不可對小腹產生

---

① 小馬：指馬若愚。

攪擾；

　　最後，思想上僅著意管好動作之前的準備，一旦開始
動了，在其過程中切不可再釘住、管牢或加意加力，也就
是準備了多少用多少，聽其自然，任其自行盪動，這樣才
能真正做到「息心淨慮」「腹內鬆淨氣騰然」。

2003 年 7 月 6 日

身形十六基要

橫肅	豎舒[1]	褪肩	合胛
緊尾[2]	掀骼[3]	肅腰	仰脯
兜枕	沉頦[4]	夾虎[5]	坐腕
立跗	舒蹠[6]	寬心	淨田

---

[1] 橫肅　豎舒：身肢皆是橫向（指身肢陰陽兩面或腹背兩面的分界面之橫向）七分整肅、三分舒鬆豎向七分舒鬆、三分整肅。是以合胛、緊尾、肅腰（外肅內活）、兜枕、夾虎、立跗都是橫向七分整肅、三分舒鬆的代表；而褪肩、掀骼、仰脯、沉頦、坐腕、舒蹠則都是豎向七分舒鬆、三分整肅的代表。

[2] 緊尾：包括了夾緊（七分）臀尖，如坐凳上僅臀尖觸凳（七分在凳，三分在腳），令整個盆胯在凳面能自如各向揉動。既坐著又可自如移動，可謂與凳接通。

[3] 掀骼：包括了舒胯、躬骶，再加上前面的褪肩、整肅、沉頦，使身中線垂線沿腳弓從空著地。一無復壓擾小腹之外力，得以淨田，即小腹鬆淨；小腹鬆淨即可頭內（陰）鬆朗。二可使心臟不受肩、肢、腹部的擠擾，得以寬心，即外寬內安，寬心可令頭外（陽）清明。寬心淨田，於是頭腦安定，少生雜念。

[4] 兜枕　沉頦：兜枕是頭後托起枕骨。沉頦是下巴鬆沉。枕上懸、頦下沉可令頭頂正朝天。空氣是天的代表，靜與之合，動則反向加意，動向自啟，產生順流。與天接而不擾，順流而動，是謂與天接通之一。同理，身肢與空氣接而不擾（靜與之合，動與之順）是為與天接通之二。肢與重力接而順遂（靜則均勻分佈，動則順勢而動），是謂與地接通之一。

[5] 夾虎：即舒展拇指，夾緊（七分）虎口，還包括：小指掌指骨的舒展（七分）與內靠（七分），大小腳趾蹠趾骨的舒展（七分）、內靠（七分）。

[6] 立跗　舒蹠：使足部鬆軟柔韌，足底、趾、掌（外側）和踵觸地，而足部仍能自如各向揉動，既站定義可自如移動，可謂與地接通之二。

補註

身上少陰少陽諸點乃陰陽相濟需關注之點（陰面少數之陽點為少陽，陽面少數之陰點為少陰）。

身側（交替為陰為陽）：踵、膝、上胯、肩頭、肘、掌根、頰後、頸中、頭角。

身前（固定陰陽）：恥骨（少陽）、喉頭（少陰）、下巴（頦，少陰）。

身後（固定陰陽）：尾骨（少陰）、頸椎外露第一節（少陽）、枕骨（少陽）

2003 年 7 月 6 日

與陳祖恩師兄討論腰脊之分寸

　　先哲教云：「氣如車輪，腰若車軸。」「主宰於腰。」「命意源頭在腰際。」「刻刻留心在腰間，尾閭中正神貫頂。」「腰脊為第一之主宰，喉頭為第二之主宰，地心為第三之主宰。」「身形腰頂豈可無，缺一何必費工夫，腰頂窮研生不已，身形順我自伸舒。」「手與肩平，胯鬆膝平。」「頂如準，有準頂頭懸，腰之根下株，尾閭至尻門，上下一條線，全憑兩平轉。」師言：「挺腰、下樁、手高。」

　　從上可體會到常說的「腰」，是指自頭頂至尾尖上下一條線，並延伸到手肩和膝胯兩個平圈，成為內外動靜相濟、上下相隨的整體。現按循序漸進之例，試分剖腰脊之不同階段如下。

- **命門到位**：無論何時都能自然地常令命門前貼於身形前後之中線上，可稱得三分腰。
- **背椎底部後置到位**：無論何時都自然地與命門成前後呼應之勢，可謂之四分腰。
- **骶骨後躬到位**：無論何時都自然地與命門、背椎底部成三角前後呼應之勢。可謂之五分腰。
- **尾骨前托到位**：無論何時都雙骼後仰，尾骨前托，舒展底椎。同時雙腿、胯、骼的下盤鼓盪成圈（其中，胯關節屬於腿腳豎向七分伸展之範圍，而骼臀屬於身軀橫向七分收聚的範圍）。至此可算六分腰。

- **大椎豎直到位**：無論何時都背椎舒直，大椎到位，胸脯上仰。同時雙臂、肩、胛上盤鼓盪成圈（其中，肩關節屬於手臂豎向七分伸展之範圍，而雙胛則屬於身軀橫向七分收聚的範圍）。至此可謂之七分腰。
- **頸椎到位**：頸椎鬆而有力，同時鼓動中盤、手腕、腳跗都鬆而有力，至此可算得八分腰。
- **頭頂到位**：頂如準，鬆而有力，同時鼓動指尖、趾尖、毛髮尖都鬆而有力。師言：「如皮燃火。」經云：「全體發之於毛。」到此可謂九分之腰。
- **「無形無象，全體透空」**：無心無事，平常真實。師言：「無形無象便是真，有形有象還是假。」是腰可當九分十分之間矣。

2003 年 8 月 10 日

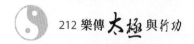

『心靜』摘記

近來習拳，略有「腹鬆、心靜、肢軟」之感，漸明老師「用力均勻」「鬆而有力」「身上各處都合理」之教言。且覺「心靜」可作為簡明之導則，種種之練習，只要是能生「心靜」感覺的，就基本可判定是對路的，可放心練下去。

今將有關感覺，摘記於下。

- 「尾閭中正神貫頂」

  留意全身上下四處三角，各成自然掎張之勢：一是耳廓後張，額、鼻在前；二是天突後倚，脯、頦在前；三是命門前砥，背椎下部、骶骨在後；四是腳心上提（掛於尾尖上），趾、踵在下。如是方可尾閭、夾脊、頸椎、頭內四者寬鬆中正，神達於頂也。

- 「腹內鬆淨氣騰然」

  夾緊臀尖、鎖住胛縫、挺命門、豎上頸、合緊頭後，而後上下腹，口、鼻、眼諸腔皆鬆。再有肩、臂、胯、腿圈住陰腳著地處，即師言「向前注意於後腳，退後注意於前腳」，於是安定心靜。安定者八面平衡、上不壓，下不頂，「周身輕靈」之謂，亦即「左重則左虛，右重則右杳」之意。

  例如，陰腳、陰胯為實為下沉，則陰膝、陰肩為陽為抬升。是以八面放心，上下無擾，而致氣勢

鼓盪騰然耳，亦即無論行、立、坐、臥皆有騰然
之意也。

- 用之勿老，勿貪著好風光，「一到就走」，再無
掛戀，方可連綿貫串耳。

- 擺好架子，靠背椎主動，指揮臂手，同時底椎隨
動，帶動腿腳來完成。而做事則要靠底椎主動，
指揮腿腳，同時背椎隨動，帶動臂、手完成。所
以準備靠手，幹活靠腳，不可不辨也。

- 「身雖動，心貴靜；氣須斂，神宜舒。」是陰者
有陽，陽者有陰，陰陽之相濟歟。

2004 年 4 月 15 日

太極身法

■ 一

　　身、肢、頭首要的任務是照顧好自己。到身上「各處都合理」「全體透空」之後，才談得上關照別人，即「捨己從人」。而且重要是關愛自己，與人為善。

　　時空有序：①順前放勢、獲得縱向勢能；②身內先動，對準方向「步隨身換」；③「鬆開全身」，得到十方圓滿；④「放時腰腿認端的」。放勢能，出動能，順坡而下。

　　合胛騰肩，緊臀懸胯。仰脯鬆腹，突肋讓腰。提窩鬆踝，拉耳開臉。坐腕懸手，趾輕撫地。

　　頂、喉後、天突、命門、尾尖、陰腳心成一豎線（中線）。

　　頭頂領動，四肢合理到位，命門自然（不強用力）就位，不覺有腰，時時一個整勁，才算有了腰。

　　用力均勻，無論肢身，上下四方皆均勻之謂，全身圓滿均勻，全身時時收斂筋骨之力，身上無論何處粘著對方，只將身子一抖，人即如奪矢之去。

　　留意負壓為主，而不是習慣證壓為主。即「向前注意於後腳，向後注意於前腳」。意即時時注意身背後及動向之背側，好像不斷向身背後，及動向的背側布雲，庶可保持用力均勻，上下四周圓滿。均勻圓滿可謂內勁耳。

2004 年 10 月 15 日

■二

- 耳背臉開，諸竅腔內壁隨同後敞。頦斂頂活，頂周圈綿軟鬆沉。合胛褪（音ㄊㄨㄣˇ）大椎，肩得鬆活。仰脯褪下背，心腹寬舒。

  挺腰突起軟肋，命門方能居中。仰骼容納丹田，小腹可得鬆淨。

  夾尾聳胯，膝踝減壓。肩從後鬆沉同時膝向前容讓，肩膝一氣連動腰軀免折。

  覆趾舒蹠，足周輕粘。腳弓窩上提則踝立，膝隨順擺讓令肘常見到踝。

  肘近腰窩，肩後手前。尾尖居身前後之中，骶後膝前。

- 「手腳長在腰上」，腳先手後。臂手準備，腿腳幹活。

  內外分動，內先外隨。知顯守隱，知前守後。

  各處關節，活而不懈，「鬆而有力」，可時時使全體各處自動調整到均勻合理位置。

  豎向蓄積勢能，如浪湧起。從陰側肩膝與陽側肘踝之微微懸升，可征相協之一斑。

  橫向釋放動能，如滑橇慢坡瀉下。從陰側肘踝與陽側肩膝之綿綿鬆沉，可徵相協之一斑。

  陽側腳之踵實趾虛，微微懸升之意持續不斷。陰側腳之趾實踵虛，綿綿鬆沉之感有餘不盡。

- 頭頂、喉頭裡、天突、命門、尾尖五者，各處身前後平衡中點，天成身中線，全體之主導。

喉頭第二之主宰，命門第一之主宰，兩點同步旋向啟動（右腳前為順 8 字圈，左腳前為反 8 字圈），順動向同步引領帶動（引向陽側）。

鼻梁玉枕，天突大椎，恥骨尾根，三對第一隨應整組逆動向同步反盪（盪向陰側）。

三對第一隨應整體旋向帶動外肩胯，外肩胯作為第二隨應整體隨動，腰軀得免擰折如「牌位」玉枕大椎尾根，時時照看陰腳踵。鼻梁天突恥骨，時時觀顧陽腳趾。

- 時間第一：「一到就走」「行起解滅」「綿綿保任」。

  內裡第二：安心仁慈，靜合動分，內接虛空。

  外面第三：安靜無為，知前守背，肢體圓融。

- 「只問耕耘，不問收穫。」仁愛「親民」，修己利他。

  「生而不有，為而不恃。」「用之不勤，綿綿若存。」

  身背向、動背向時欲布圓，肢體相洽，動靜相如，「全體透空」。

  「玄象成於未形，虛勞煩於飾彩。」中線連接虛空，「理明則見平」。

2004 年 10 月 31 日

走路體驗足泵

有人說「足是第二心臟」，有些道理，就平時走路可以體驗。

如從一側的腳趾滾碾著地開始，經過該側起外肩、升外胯（內肩胯相對不動）、拎腳離地邁步，再順勢翹起腳、趾，直到斂側腰拎住腳跟輕輕著地的期間，像是一段較完整的舒張貯血過程；腳跟沾地之後，乘另腳顛趾之勢，立即踝落踵後，向前揉碾，外肩胯也分別向後錯開不壓腳跟及著地點，不壓其他關節，並各從後下轉圈揉惠向前（內肩胯相對不動），腳略翹不懈帶點勁，循腳外沿連續滾碾，再腳掌、腳趾、趾尖依次滾碾著地的期間，像是一個較充分的壓縮回泵過程。

當左足在壓縮，右足則在舒張。同時，左外胯、左外肩也在從後往下壓縮，而右外胯、右外肩則在由前朝上舒張。於是就足胯肩三者的壓縮舒張來說，同側上下是相同的，異側則是相反的。這樣兩足就分別輪流起著對心臟循環的輔助作用。

據《生理學》書，人體動脈正向壓力及梯度較大，從開始平均 100mmHg，逐步降低到毛細血管始端僅有30mmHg，所以人體動作對它影響很小。而經過了毛細血管到靜脈始端的壓力已小到 10～15mmHg，流進心臟入口處接近零壓力，且多數靜脈處於肌肉間隙及表層，有活瓣防止倒流，因此人體動作，肌肉的舒縮會對靜脈回流造成明顯影響，可以較有效地幫助體循環回流血液泵回心臟。

　　按心臟每搏泵量約 80ml，總循環血量約 5L，則不到一分鐘可總循環一次。步行時，足泵量約為心臟的 1/10，跑步可達 1/5～1/2。書中也提到了，「下肢骨骼肌進行節律性舒縮活動時，例如步行，肌肉泵對靜脈回流的輔助作用就能很好地發揮」。

　　從陰陽態勢來看，老子講「負陰而抱陽」，表明臂手或腿腳各與身軀合抱為陽，撤離是陰；另據常理，升陽降陰，突陽涵陰。如是陰陽有判之後，再加上陰陽轉化，每週期有四個過程。

　　例如左半身，從外肩外胯前升起拎腳離地開始，到翹起腳、趾，再到斂左側腰、腳跟著地的期間，左邊腳腿外胯外肩和頭側頸側是陽（外胯、踝陽，膝陰），身側、臂手為陰（外肩陽，肘、腕後陰）；從斂左側腰、左腳跟著地開始，後沉外肩外胯，到足掌滾碾著地的期間，腳腿等是陽轉陰，而身側、臂手則是陰轉陽；從足掌滾碾著地，外肩外胯沉下，到足趾滾碾著地的期間，腳腿等是陰，而臂手身側是陽；再從足趾著地到踮起腳趾的期間，腳腿等是陰轉陽，而臂手身側是陽轉陰。

　　其時，右半身則依次是：腳腿外胯外肩和頭側頸側，陰、陰轉陽、陽、陽轉陰；而身側、臂手則是陽、陽轉陰、陰、陰轉陽。另外，左右內胯恆陰，左右內肩恆陽，以保持身形正直。

　　從上體現了左右臂手與腿腳交叉陰陽相同而兩交叉陰陽相反，同側的陰陽相反而外肩外胯動向相同。但在功用上則都是相協相濟的。反之，左右若臂手或腿腳陰陽相同，將導致心臟、內臟受到拉扯和壓擠，久將成病。

　　另外，雖然頭容脊柱在左右擺動、而外肩外胯同時在上下轉動，再加上步履升降前行，是以從外看來，都是大致地保持在鼻骶正前正後、雙肩胯身軀端如牌位般不見明顯晃動的。

　　再有腳著地點連續不斷地前移，保證了行步前進的連續平穩性，可以做到行無滯礙，空靈輕逸，如魚游水中。對一些要求動作連綿平穩的事情：有換步的，如跑堂、榜書、太極等；有不換步的，如書畫、提琴、胡琴等，都需要從腳腿胯頸頭，到身肩臂手，全身和內心的連綿協調一致。所以也都和走路一樣，足泵將會起重要作用。

　　行走時合理的身形姿勢很重要。從下到上各主要關節都依次由前到後鄰相錯開，即腳跟著地時，膝在前略曲，踝落踵後，外胯落踝後，外肩落胯後，兩內胯連線中點落在支撐腳弓空處，內肩在內胯之後，上不壓下，下不頂上，令上部的壓力和著地的反力分散而不集中於某一關節，更不宜上頭。

　　另方面斂翕邁步側的腰，後撇同側外肩，以拎虛行著地腿腳，使著地之力，卸至輕而又輕，蓋輕則不擾且節約省耗是人與周外和諧的重要條件之一，所以無論行立坐臥撫觸握物都輕柔綿韌，於是自身部體間諸協調環節也因互相輕約而得到和諧。

　　後收外肩以整飭肩臂圈，並始終連在腰上，內收外胯以整飭腿胯圈，並始終連在腰上；腰收束於中間一點，其餘皆空，四肢通過腰中點交叉相應，故而腰中點亦空；雙內胯同沉下而合臀，令底椎不歪不扭，讓左右外胯可自如外繞旋動，並交替此上彼下以助抵檔；雙內肩同升起合束

脊背，使背不斜不錯，讓左右外肩可自如外繞轉動，並交替一上一下以助合胛。

前挺命門以鬆垂後背，靠重力自然地涵胸斂腹；後躬骶骨，展開胯前（不小於 90°）、仰髂、仗重力自然地涵容小腹；尾骨伸前，舒股鬆膝，並兜護身底；沉頦以護喉豎項，總的令尾尖、命門、天突、百會常自如地在一條垂線上，達到中線正直。

肘在腰旁以護脅，褪外肩伸前臂，令肘彎不小於 90°，上肢內抱的手肘宜落在同側外撇下肢的膝以內（兩膝之間），而上肢外撇的手肘則落在同側內抱下肢的膝之外，這樣除了頭部由脊頸支撐緩衝外，其餘各主要關節都不通過其他而各從空隙中落下，使其運動只與地心引力相關，而無須克服其他的窒礙，因而是最和諧省力的。

上述身形的各種合理的防衛作用不只是武術，而且還包括了對各類病氣及風水煞氣之防護。如此身形目的在於使各關節錯落有致，不頂不壓，並使身體內層（脊柱、主要器官）與外層（筋骨皮肉）之間的中間層鬆盪無礙，氣脈血脈暢通。表面看來，內外（身軀與各肢）似乎都可以相互不受牽制地在空間自主運動。實際上是靠全體各部之間良好的相互協調、相互支持的內部相對運動而達成的，使得無論局部和整體都能發揮最大效能。

在此條件下，行步前進悠閒平靜，如在空氣中以及自身縫隙中，或在有、無之間遊走自如。若能經常留意行走時，沾地側踮趾，邁步側斂腰，腳跟輕著地，腳底連綿滾碾前進，除了充分發揮足泵作用，還極大地減低了地面對身體的反衝力，以及斷續行進對身腦的晃力。如不然，儘

管身體有足夠的承受度，但常年如此，滴水穿石，難免造成對健康的不良影響。

　　為了說明身體姿態與走路的關係，不免言之過鑿過細，難以一一顧及。實際上，據老氏「知雄守雌」，爻、卦下先內重以及豎動為橫動之本等原理，並把各分部當作小總體來把握，所以只要照顧到小總體為陰的上下肢、身側，甚至僅關顧為陰過程的兩端，即一側陰轉陽之跐趾，及另側陽轉陰之斂腰，就可有足夠的代表性。

　　另據心身關係心為先，原因結果因在前，所以還需要調整內心，理順認知，心氣收斂放下，心態寬闊明淨，氣脈血脈舒順，心無增減，簡約平實，隨順應物，上下肢渾身筋骨收斂完整一氣，無有脫懈，則幾乎可忘掉一切協調合理而協調合理自然存在。

　　老師對練太極有幾句話：「攻腿注意於後腳，坐腿注意於前腳。」「挺腰，挺到覺得腰沒有了，就真正有了腰。」「注意上下一個整勁。」「一到就走。」「要從心底用功夫。」「動一念為自己就不對。」這是較真切的概括。

2006 年 4 月 27 日

身法之寶

- 準備靠臂手（含肩），圈住負陰之腳，站在一隻腳上，心是定的。幹活靠承載之腳，不失承載之腳，心仍是定的。準備的前段是轉換（重心轉換），後段是圈住。幹活前段是保持承載腳不丟，後半是隨勢進入轉換。

- 「向前於後腳，後退注意於前腳」，負陰側好似秤砣，打得越遠，前面秤鉤掛重越大。

- 手形動作無論前進後移都是穿心而過，如臂手是穿身形的中心，手指碗是穿前臂的中心。

記與海明賢弟共勉
2004 年 5 月 12 日至 13 日天壇高峰會

習拳要點

- 走架如彗星，凸處（為陽）領在先，凹處（為陰）隨在後，進退皆然。

- 講肩、胯要鬆，就是內外要能分開動作，如退時外定住，內轉領；進時，外拉弓，內定向。

- 身上有向上的部分，才會有向下鬆沉的部分，如耳上提則中氣向下，外肩上騰則內肩下沉，周身無有地心引力制約之感。

- 胛鎖、肩伸、肘沉、腕舒於是力到指尖，髂胯至於趾亦然。椎、頸之於髮亦然。

- 談虛：「玄象成於未形，虛勞煩於飾彩。」

錄與廣亨兄、海明弟共勉
2004 年 5 月 12 日至 13 日天壇高峰會

鍾海明補課要點[①]

- 大字樁，頭髮掛住，額頭太陽穴拉住；上眼眶、耳掛住，鼻頰拉住；上牙床掛住，下顎隨頸拉住。總之自上而下，屬中爻部位如頸、腰、膝、腳背等都是雙向收住，所有上下爻部位之上部隨上面的中爻掛住，下部隨下面的中爻下拉。於是上中爻之部位，如肩、胯、髁等都是懸掛帶拉開之勢，人體軀幹部分呈懸掛自然，拉直之勢。

- 擎後鬆到腰、肩，手圈在空中掛住（縮頸），下肩、下胯往下溜。

- 人知左右平衡，但能行之者少；人少知前後之平衡，行之者更鮮；人鮮知上下之平衡，靜態者常人中嘗有見之者，動中行之者除前輩幾位宗師未嘗僅見也。

- 拳經有云：「只要喉頭永不拋，問盡天下眾英豪。」推手中，演式中，盡留意之。

---

① 鍾海明有幾次因故缺課，樂匋先生特意寫下每次補課的內容要點。

樂匋手繪圖解與拳照

■ 李傳太極拳走架步位圖（一）①

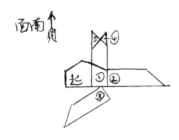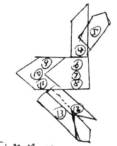

面南

起

① 左顺扎衣合手
② 左掤 〃 〃 〃
③ 單揆
④ 提手
⑤ 亮翅
⑥ 左摟膝合手

⑦ 毀芭武
⑧ 左摟膝
⑨ 左 〃 〃
⑩ 撇拈錘
⑪ 全手抴珂似闭
⑫ 抱虎归山

---

① 此圖經樂匋傳授後，由鍾海明整理。

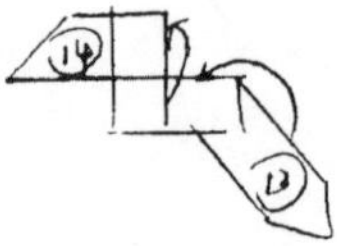

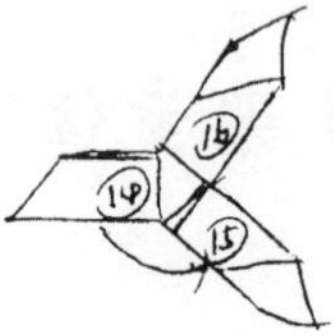

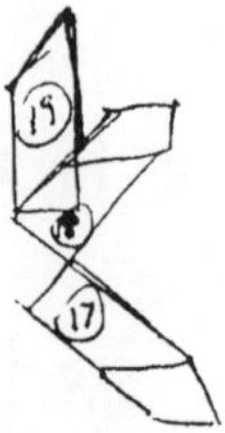

⑬ 正步右攬扎衣合手

⑭ 肘底看捶.

⑮ 右倒攆猴

⑯ 左 〃 〃 〃

⑰ 右倒攆猴

⑱ 左 〃 〃 〃

⑲ 提手

⑳ 亮翅

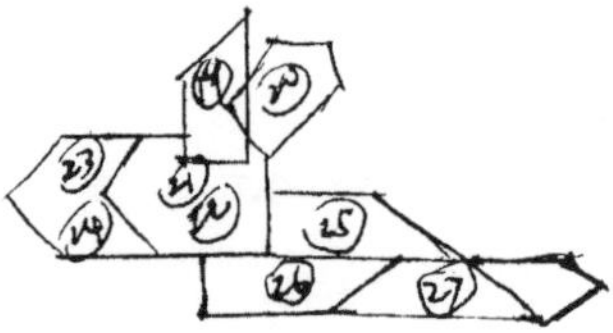

㉑ 左摟膝合手

㉒ 琵琶式

㉓ 海底針

㉔ 扇通背

㉕ 右攬扎衣

㉖ 正步左攬扎衣

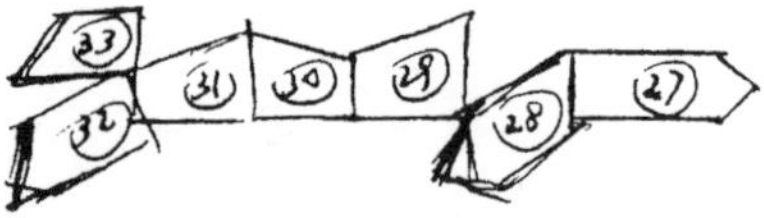

㉗ 右攬扎衣合手

㉘ 單鞭

㉙ 右云手

㉚ 左云手

㉛ 右云手

㉜ 單鞭

㉝ 高探马

㉞ 左合肘攬式

㉟ 左合肘

㊱ 攬式（如封似閉）

㊲ 左合肘

㊳ 左蹬脚

㊴ 左摟膝拗步抝步沱步

㊵ 右 ＂

㊶ 上步栽捶 ＂

㊷ 转身双脚起

㊸ 贯耳

㊹ 上步左蹬脚 右蹬

㊺ 转身右蹬脚

㊻ 上步撇拦捶合手

㊼ 右脚抱虎归山

㊽ 右捩扎扛合手

㊾ 左脚斜单鞭

㊿ 左掌弓矢攀

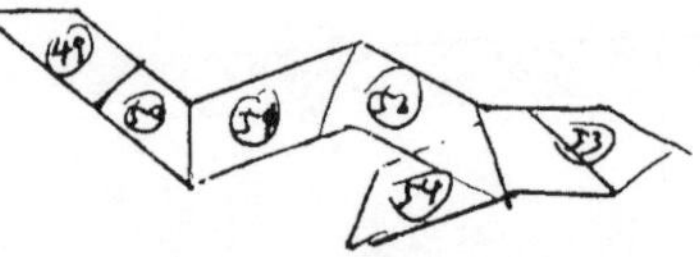

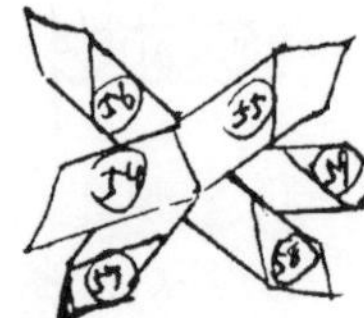

(51) 左野马分鬃.
(52) 右 ……
(53) 右懒扎衣合手
(54) 左转单鞭.

(55) 右玉女穿梭
(56) 左 〃
(57) 右 〃
(58) 左 〃
(59) 右懒扎衣合手.

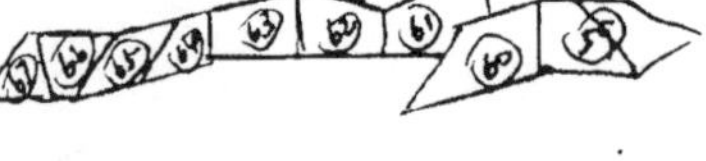

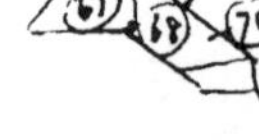

(60) 单鞭
(61) 右云手
(62) 左云手
(63) 右云手
(64) 单鞭

(65) 下势
(66) 右金鸡独立
(67) 左 〃
(68) 右搂膝拗步(倒撵猴)
(69) 左 〃

(70) 右搂
(71) 左搂
(72) 揽手上式
(73) 亮翅
(74) 左搂膝合手

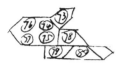

㉕ 指當弧
㉖ 收底針
㉗ 扇通背
㉘ 右順孔在
㉙ 上步右順孔在
㉚ 上步右……合手.

㉑ 單鞭
㉒ 左孔手
㉓ 左孔路
㉔ 左孔手
㉕ 單鞭

㉖ 高探馬
㉗ 進步穿掌

㉘ 左腳擺蓮腳
㉙ 上步指襠捶
㉚ 上步似封手.

㉑ 單鞭
㉒ 下勢
㉓ 撇步騎虎
㉔ 上步七星

㉕ 轉身雙擺
㉖ 彎弓射虎
㉗ 上大步雙捶
㉘ 撤左步順孔在合手

㉙ 合太極

傳人
李香遠 傳自武禹襄
李傳董英杰．董傳
李鵬幼習董藝旅．

■ 李傳太極拳走架步位圖（二）①

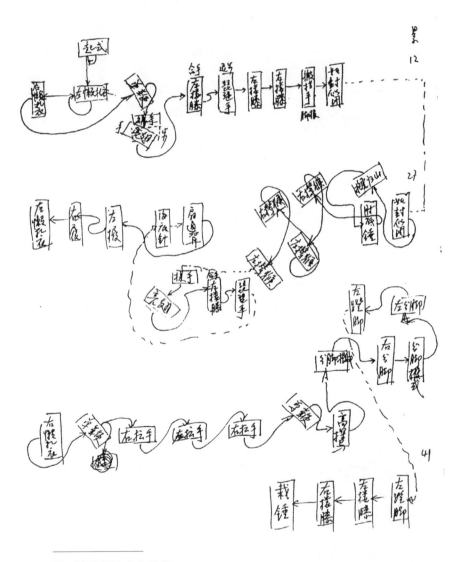

---

① 此圖係樂匋先生手稿。

▋肢乾陽面諸陰點呼應圖

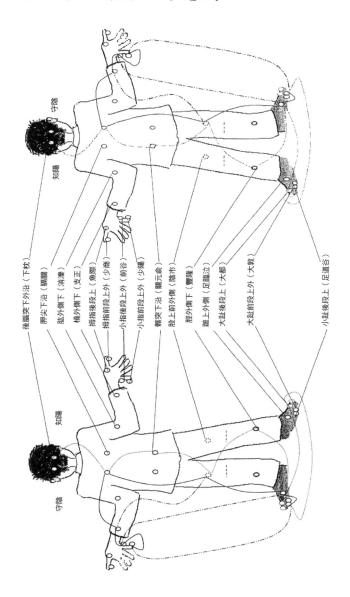

守陰

知陽

後髁突下外治（下枕）

屏尖下治（隔關）

肱外側下（消濼）

橈外側下（支正）

拇指後段上外（魚際）

拇指前段上外（少商）

小指後段上外（前谷）

小指前段上外（少陽）

髂突下治（關元俞）

胻上前外側（陰市）

胻外側下（豐隆）

踝上外側（足臨泣）

大趾後段上（大都）

大趾前段上外（大敦）

小趾後段上（足道谷）

守陰

知陽

■ 掌膝太極圈圖

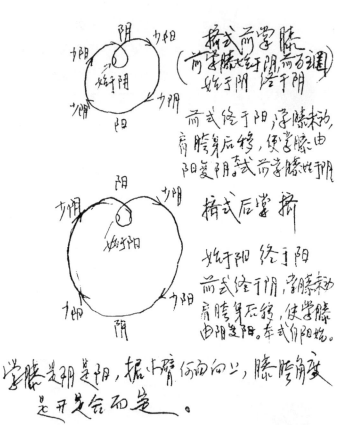

擠式前掌膝
（前掌膝太于陰,為右引圈）
始于陰 終于陰

前式終于陽,掌膝未動,
肩胯身后移,使掌膝由
陽變陰,本式前掌膝始于陰。

擠式后掌擠

始于陽 終于陽
前式終于陰,掌膝未動,
肩胯身左移,使掌膝
由陰變陽,本式仍陽始。

掌膝是陰是陽,據小臂仍向向上,膝胯角度
是开是合而定。

擬式前掌膝

前式擠，終于陰。掌膝未动，肩胯身前移，使掌膝由陰转阳。本式始于陰。

擬式左掌膝

前式终于阳，掌膝未动，肩胯身前移，使掌膝由阳转阴。本式自陰始。

擬式屈掌膝，自陰始，故
屈掌膝之圈為立圈。

■ 樂匋先生拳照

1.起式　　　2.左掤

3.擠　　　4.按

5.單鞭

6.提手上式

7.白鶴亮翅

8.摟膝拗步（一）

9.摟膝拗步（二）

10.手揮琵琶

11.搬攔捶（一）

12.搬攔捶（二）

13.十字手

14.雲手　　　　　　　　15.高探馬

16.單鞭下式

拍攝於 20 世紀 70 年代初，樂莊、樂正提供

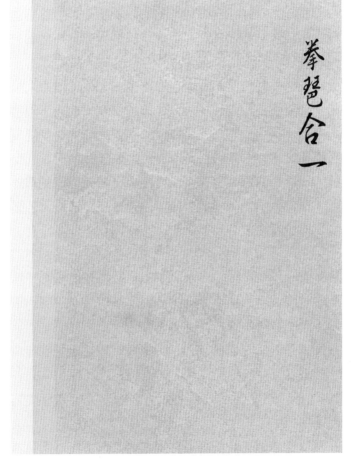

第五篇

拳琶合一

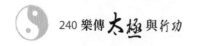

拳琴與道

　　2017 年 10 月 3 日是我的老師樂匋先生逝世 10 週年紀念日。馬若愚和鍾海明二位師兄正組織出版一本關於樂傳太極拳的書，介紹樂傳太極拳以中國傳統文化為著力點，把太極拳作為修練法門，引導修練者悟道的理念和方法。

　　樂匋老師的父親樂幻智太老師從楊式太極拳創始人楊澄甫弟子董英傑先生習拳，得到真傳；學拳大成後又皈依三寶，從王理平太太夫人修證佛教密法；拳術佛法雙雙精進，寓佛理於拳法，相得益彰，遂成樂傳太極拳。

　　樂匋老師學拳得太老師樂幻智先生真傳。老師又精於製作和演奏京胡，並將樂傳太極拳的理念和方法融入了製琴、修琴、操琴之中。

　　無論如何，打拳屬於武藝，操琴屬於文藝，而修道則是心神的活動，應該互不相干。然而，當佛理引導了拳理，佛拳雙雙又融入了琴理時，看來與修道毫無關係的拳和琴便一起成為修練悟道的法門。

　　我的父母親曾有幸結識太老師，並十分敬佩太老師。我從小聽過太多太老師的故事，能入樂門是我從小的心願。1992 年王玉民師兄介紹我拜在老師門下，使我成為老師門下學琴的弟子。馬、鍾二師兄命我對書中「琴」這一部分做一點介紹，我雖學識有限，然責無旁貸，乃勉為其難而從命。

　　老師學操琴始於上初中時，製琴始於高中畢業時，最

初是依樣畫葫蘆的模仿。20 歲左右開始在上海跟隨王瑞芝先生學琴、「鬧琴」（即小修改進）。王瑞芝先生曾是余叔岩先生的琴師，所以老師學琴的起點很高。當時王瑞芝先生正從太老師學拳，與老師亦師亦友，沒有隔閡。

從那時開始，老師既能學習最好的操琴技藝，也有機會接觸各種好琴及有「鬧琴」經驗的人，對「鬧琴」也有了興趣。

30 歲左右因工作關係和王瑞芝先生先後到了北京，有更多的機會向王先生學操琴，琴藝大進。同時和當時北京的製琴名家許學慈、李運智等師傅經常盤桓，尤其和許學慈師傅結為至交，學到了很多製琴、修琴的方法。老師操琴水準高超，因此更能品味琴的優缺點。不論誰的琴有問題，老師都願意幫助修理，並都能取得很好的效果，長期下來積累了大量的實踐經驗。

20 世紀 90 年代老師從重要的科研本職工作崗位退休，有了時間，便在總結練拳心得的同時，也對製琴、修琴、操琴的心得進行了總結。

1992 年我拜在老師門下後曾告訴老師：1967 年我有幸跟徐劍南伯伯（從董世倬先生學拳）和高中柱先生（老師的師弟）學樂傳太極拳，1968 年剛學完架子時大學畢業分配去山東工作，只得終止學拳了。

老師說：「現在你來了，這也是回歸！」因為我雙膝有傷，經常疼痛，並且會拉京胡，老師說：「你就不要再練拳了，就從拉琴入手吧。」那真是個好時機，老師正在退休前後，開始有時間了。從那時開始至 2007 年老師去世，我一直追隨老師左右，系統地學習製琴、修琴、操

琴，凡 15 年。

老師根據自身實證感悟到：無論打拳還是操琴，以心法引領技法，配合身法貴在中正，若能深入修練到諸法俱亡，庶幾可見真如矣！一般學拳、學琴大多侷限在技法的範疇，技法屬於物理世界。樂傳太極拳寓佛理於拳法，於琴亦然，由心法引領，而心法屬於精神世界。

身法意為身體各器官需隨時保持中正、協調，以使心法、技法貫通和諧。唯以心法引領技法故，拳琴的修練才能成為悟道的法門。

關於拳的方面，馬、鍾二位師兄已做介紹，我試介紹老師關於「琴」這一方面的心法及拳琴同理的理念。製琴、修琴、操琴的具體內容請參見附錄專文。

老師總結王瑞芝先生的琴藝說：「琴藝的具體內容可分為心法、身法、技法三層。心法或曰存心，是指平等心、仁愛心和堅定心。心中平順就氣定神閒；心存仁愛就與景與人和融契合……對玩意兒要忠敬誠信，用心上進。」

老師經常說：「當年余叔岩先生告訴王瑞芝先生：唱，尺寸是第一位的，氣口第二，勁頭第三。」

對於尺寸，老師解釋說：「尺寸包括了節奏、韻律、尺度等有關時間、空間以及人事等多種概念。即無論鬆緊快慢、抑揚頓挫、跌宕搖曳都能合情合理，恰到好處，所以是第一位的，屬於心法範疇。氣口是由調整呼吸，使周身協調，屬於身法範疇。勁頭即處世做事的方法，就是『本末、終始、先後』的道理，屬於事法範疇。只有心才可以超越時空、人事，而調動它們到最美。但應是『止而

有定』『定而生慧』，自然地生出渾如天成的尺寸來；是回到童心、無為、不假雕琢飾彩，自然而然地抒己感人。」

心存平等、仁愛、堅定，帶著忠敬誠信的心態，才能把「我執」放下，達到止而有定。待到定而生慧，才能進入合適的節奏，得到渾如天成的尺寸。

余叔岩先生雖然是對唱而言，實際上於拳也如此，於琴更是如此。凡操琴更多時間是與人合作，為人伴奏。若不把「我執」放下怎能超越時空、人事，把握尺寸而達於無為？所以，若無心法引領，縱有高超技法，操琴亦難與修練悟道扯上關係。

老師說：「身法者，身形正直能生長浩然正氣，謳歌義士忠良，鞭撻賊子奸佞；自頭頂下至尾骨，脊柱挺拔中正，能生長充沛的內力，脊柱主導，使全身一個整勁……全身要放鬆，就是各關節都帶三分勁的、鬆而靈通的鬆，不是鬆懈的鬆。」

關於勁和力，老師說：「發弓起音自腳起，主宰於脊柱，經手指達於琴絃；落音經周身毛髮歸於四外……孫佐臣先生見（王瑞芝）老師少時操琴，說：『這就對了，拉胡琴不是用力的。』勁意由內而外，不用拙力。」

老師本來是太極拳的高手，他教導我們把太極拳的身法用於操琴，使我們在操琴過程中周身協調，意、氣、勁、力走向分明。這樣操琴（當然還有其他各種太極拳技法融入操琴中）不但使琴音順暢飽滿，而且操琴的過程也相當於練了拳。

當年老師讓我以操琴代替練拳修練時，有的長輩不理

解，有一次當面問了我。我說明以上拳琴同理的情況後，大家都對老師的理念和方法十分贊同。

老師在《從胡琴運弓的「腕子」談起》一文中說：「據拳理和肢體運動規律……具體到胡琴，真正運弓的腕子約在小臂前節腕後一寸半骨縫內肌筋打彎領動，這樣有助於身心協和，聲音透徹明晰而有落英繽紛之致。同時懂得了右手腕指不宜主動和多動，致腕指之勢過早地用完，失去後續韌性和彈性……上述右手主動指揮運弓之部位是在從腕子上移一寸半處（手陽明外關穴）此處主動（先動或領動），腕指都帶三分勁（不懈，保持柔韌和彈性）隨動，音便聯貫，且後續音鼓滿有力。董老拳師講：『鬆肩垂肘，乃言力不可聚於肩背，要將力移至臂部肘前一節。』說明不論肩肘腕哪一個搶先動了，必然都會分卸弓子的力量，對發音和節奏有礙。」

操琴者大多重視腕子，很多人操琴時把腕子大甩大扣，似乎只有這樣才算用上了腕子。然而，如果剛開始運弓時就亂動腕子，把腕子一下甩到極限，那麼運弓的過程中便失去了「勢」，會造成弓頭上響了一下，後續的音就變得既不飽滿又無韌性。

所謂「腕子上移一寸半」並不是說把生理的腕子移動了，而是把樂傳太極拳中「腕子」的概念運用到了操琴中。操琴運弓過程中鬆肩垂肘，由上述樂傳太極拳的「腕子」領動，順「勢」運弓，奏出既飽滿又有韌性的琴音。好一個「勢」字，蓄了勢，才能發！

老師製琴和修琴的過程是這樣的：

第一步，從模仿開始，使自己有一個整體的感覺。

第二步，經過多年的「鬧琴」，積累了大量的透過小修改善京胡品質的經驗。

第三步，老師退休有時間後首先做的事是胡琴「開大會」，即把他自己及學生們的幾十把京胡集中在一起，其中有很好的，也有明顯存在問題的，拆開後對擔子、筒子一一進行測繪，記錄擔子直徑、總長、重量、各竹節長度、壁厚、各開口位置尺寸、顏色、產地等數據資料；記錄筒子內外直徑、長度、重量、壁厚、產地等數據資料；記錄其他零件如軸、弓子、馬等各種數據資料。對不同產地、種類、硬度、厚度、生長週期的擔子、筒子以右手食指指甲輕彈，體會彈擊後對指甲的不同反應。根據多年「鬧琴」的體會及多年來向多位製琴專家尤其是許學慈師傅學習的經驗，對比那些好琴的組合，分析哪些因素的組合才能夠造就一把好琴。按照分析把原來有問題的琴的零件重新組合，以求改進。

第四步，在大量數據統計、實踐驗證、結合名師經驗的基礎上，2003 年年初老師寫了《京胡尺寸規範》一文，並提出了「京胡擔子尺寸計算公式推導」，我按照公式計算了不同尺寸京胡擔子製作時需要加工開口或打洞的位置尺寸，製成了一塊模板。擔子製作時只需在模板上對齊擔子所需的長度，各加工部位就可以按模板的指示標定。因為研究過程結合了許學慈師傅的很多經驗，所以請許師傅試用模板，許師傅覺得十分方便、準確、有效。2007 年老師去世前，結合音樂五度律的規律數易其稿而制定了「京胡五度律尺寸參考表」。至此，老師完成了一個飛躍，揭示了不同地區出產的京胡擔子材料的數理規

律，使京胡選材製作從全憑經驗估計上升至有數理計算的規律可依。這種規律屬於物理範疇。

第五步，老師依樂傳太極拳「聽勁」的方法，用右手食指指甲對擔子、筒子輕彈，從體會指甲的感覺認識材料的性質。又以擔子輕敲筒子，從所發聲音是否共振來判別擔子、筒子兩者是否匹配。經由實踐驗證，擔子和筒子匹配這一因素對製成一把好琴所起作用比尺寸合適更加重要。這個方法實際上是透過人與材料、材料與材料的溝通感應，揭示了材料之間匹配的規律，可算是老師的又一次飛躍。這種方法屬於心法的範疇。

第六步，為了廣泛驗證可靠性，在整個過程中老師帶領我們分批從樂器店買入不同材料、不同尺寸、不同檔次的成品京胡 149 把，拆成零件後如法重新組合。至 2007 年老師去世前，重新組合製成 119 把新琴，均在相應材料的基礎上各自達到了很好的狀態。之所以用買來成品京胡拆成零部件後重新組合製成新琴的做法，是因為這些成品琴大部分都存在各種問題，但作為零部件卻大體可用，這樣可以省略製作零部件的時間，大大加快了探索材料之間互相匹配規律的速度。

最後、老師將新製成的 119 把好琴按各自不同的音色、勁頭大小，全部送給了適合用這些琴的人。老師平時給人修琴還有一個規矩：不管給被修理的琴換上了什麼零件，最後必須讓人把換下的原零件拿回去。《金剛經》云：應無所住行於佈施。新製成的好琴送人及讓人拿回換下的零件這樣的做法，實際上體現了更高層次的製琴和修琴的心法！

2007 年 5 月 18 日，也就是老師去世前的 4 個多月，他寫完了《轉述京胡練習概要》一文。文中對琴的性質及操琴的心情、身態、把琴、弓法、指法等各方面都做了詳盡的論述。

關於心情：對待心身、琴境、時空、天地、社會、世界、生命等皆存和愛、公平、護養、敬畏、感恩、自省的心態；升養起眾善奉行、集義所生的情趣；認可實事求是，恕人即寬己，簡約始充沛、平淡寓精彩，知果而守因等自然順達之理；坦蕩於趨近最佳，不求完美，以免執著，保持寬鬆流動；以及人、琴、境和諧交融，舉輕若重，片刻千年，空靈明靜，徐而流暢，疾也從容的平易高雅境地。

關於身態：拳經云「虛實宜分清楚，一處有一處虛實，處處總此一虛實」「須知陰陽相濟，方為懂勁」「陽虛陰實」。陰陽虛實者，兩對立體之間，相比較稍有偏勝之意，偏則流動，微偏靈和。對立者，上下、左右、前後、內外、豎橫、心身、顯隱、人境諸謂也，其一為陽，另當為陰……拳經云「先在心，後在身」「一動無有不動」，師言「勁要能回來」，圓轉而回歸的勁接近可復系統，損耗小而效率高，可減少不必要的操心勞力，心體空明活潑，對立相濟，進一步達到人、琴、境的和諧統一。

不論「把琴」「弓法」還是「指法」老師都將樂傳太極拳的方法化到操琴的技法之中，可參看附錄文章，在此不贅。

最後老師說：「拙樸近真，添造出假，真心流淌，自成文章。已經練了琴，可不再擠時間練拳了，因為拳在琴

中，琴練好了就等於拳練好了。」

數十年來，老師透過打拳、製琴、修琴和操琴，不僅明悟了拳理、琴理，也明悟了拳琴同理，終於使「琴」和「拳」一樣成為修練悟道的法門。

《心經》云：以無所得故，菩提薩埵，依般若波羅蜜多故，心無罣礙。《金剛經》云：應無所住而生其心；法尚應舍，何況非法！

15 年來，有幸近距離接觸老師，跟隨老師修習，確確實實感受到了老師的心無罣礙以及於心於法的無所住。老師真是一個「諸惡莫做，眾善奉行」的人！

林瑞平

2017 年 3 月 4 日於北京

回憶隨王瑞芝先生學琴

　　王瑞芝先生一生機遇非常，邂逅諸多名師，又甚投緣，願教肯學，是以在藝術傳承上有所彙集和建樹。

　　例如，操琴風格上樸實沉穩又活潑多姿，鏗鏘氣勢也儒雅平和，常持謙遜幫輔的心態和虛心求教的誠意。

　　當然先生仍在不斷探索前進的道路上，比諸前輩大師，快節奏時，心氣稍欠平穩；較之同儕琴師，改革創新有遜。但先生集傳統文化修養、武術健身、古琴彈奏、譚余之唱會融於琴藝中的探索道路，無疑是有成效和應該肯定的。

　　本文暫掇：先生琴涯簡介、學琴緣起、練琴初入、引領鬧琴、教唱旁聽、劇團時期、追影尋聲。試做輪廓引介，如有可資參鑑之點滴，先生之仁澤也。

■ 先生琴涯

　　王瑞芝（1909—1976 年）先生父祖輩是北京銀庫王家在旗的官吏。少年時從京劇笛師胡子鈞（方秉忠弟子）學笛、月琴和京胡，在基本功、尺寸、規矩方面打下了較紮實的基礎。一次孫佐臣先生見他拉琴，稱讚說：「這就對了，拉胡琴不是用力的。」（不用局部硬板強撐的拙力，而用全體靈通順遂的真力。不然何以有擊鼓裂帛之聲，纖巧綿密之意，長虹經天之勢？）約1930 年，拜耿永清老先生帶道師，在樸實沉穩方面有一

定影響。最早傍親戚魏蓮芳先生，受到徐蘭沅、王少卿二位先生紮實流暢、清新大方風格的影響。

1933 年前後傍言菊朋先生，灌過一些唱片，得到儒雅脫俗品格的薰陶。有機會從陳彥衡先生學習老譚唱腔、胡琴和不少曲牌，包括一些獨特的弓法、指法。這些無疑都在而後學習余先生唱腔、胡琴方面起了橋樑作用。一次余先生好友張伯駒先生在廣和樓看了言菊朋演出《烏盆記》，對王先生拉琴手音有好印象，就常邀王先生給調嗓。稍後言先生赴南方暫歇，王先生接楊寶忠先生輔佐孟小冬女士。

1937 年「七・七事變」爆發，京滬相繼淪陷，不少京劇演員託故輟演，包括梅、程、余諸位。

1938 年孟正式拜會余叔岩時，由張、孟鼎力推介，王先生也隨同跟了余叔岩，平時為余、孟調嗓，余教唱時用胡琴低八度伴拉，余還常給調教胡琴，這樣前後 5 年，得到較全面深入的錘煉提高。例如余叔岩曾當面交代由王先生代給他上海陳大漫先生說戲。

其間，1940 年灌過兩張唱片（《沙橋與伐東吳》《打侄上墳》）。1943 年余叔岩辭世。1944 年起，孟常去上海訪故聯誼，翌年王先生亦由孟授意，杜門弟子趙培鑫出面邀請去上海教戲。一般孟耽些時日就回北京，王先生則攜家留上海，平時教戲與朋友聚會，孟來時陪孟活動。

1945 年抗戰勝利，國民政府電台在上海組織各地名角清唱義演，有程硯秋先生和孟的《武家坡》。

1947 年杜月笙六秩堂會義演，有孟和裘先生等的

《搜孤救孤》。另外，王先生在上海期間經程硯秋先生與杜門弟子萬墨林介紹，找我父親，人稱樂老師，療胯傷並學太極拳；還從古琴名家查阜西先生學古琴，由是琴藝上又融入傳統文化和古琴演奏意境。

1949 年上海解放前夕，孟隨杜家遷居香港，稍後王先生也攜家去港。杜本是老戲迷，又有姚、孟二位名角夫人，杜府就天然成了京劇聚會場所。當時琴師除了王先生，還有任莘壽（徐蘭沅關門弟子，也跟王先生學余派胡琴）、郭筱農（拉梅派青衣）二位。

1951 年杜去世，孟潛心教戲、唸佛，1957 年偕姚遷居台灣。1955 年冬王先生舉家隨吳忠一先生返回上海，除了教戲，還有餘二小姐（慧清）和朋友們常來聚會。1956 年終應譚富英先生邀，遷回北京，參加了北京京劇團。在團裡除一般教唱、調嗓外，與譚的合作可謂取得了相得益彰的成效，留下一些寶貴的錄音資料。

1965 年上海《智取威虎山》劇組來京演出拍片，拉琴故友的弟子高一鳴、尤繼舜二位常來王先生家串門，自然地有了傳統譚、余京劇與現代京劇之間的交流。後來王先生說：「多虧了他們幫助，我對現代京戲的胡琴伴奏入了點門。」1976 年唐山大地震，北京餘波所及，人多在外搭棚住宿，生活不安定，因心疾入院，不久謝世，享年66 週歲。

■ 學琴緣起

1937 年秋 9 歲，叔帶全家（父親留上海震旦教國

文）從上海到安徽歙縣南鄉武陽村他同學張柳青家避亂。我去六里外的方岑高小住讀，一年半後小學畢業，遠走八十里外的歙縣西鄉西溪南鎮上中學。高小有次唱歌比賽，人唱老歌，我找來《我的故鄉》新歌譜，當場默練記熟，上場唱出思鄉之情，得了獎。初中聽到同學拉京劇胡琴好聽，就學著拉，較快會了。因音樂感較好，受到唱者的歡迎。開始拉的是擔筒全帶水溝的廉價琴，後到黃山市買過一把 90 元較好的琴。

1945 年抗戰勝利，高中畢業，到黃山市報考幾所外地高校沒考上，回山村家中做起了胡琴，弟弟夥同在山上找白竹竿擔子、毛竹筒子，再拿別人打的烏花蛇蒙皮，做了兩把。

父親在上海練拳修行有成，能操控人於丈外，用拳力癒不醫之病，人尊稱樂老師。滬上知名人士溝通者眾，有杜月笙、戴傳賢、曾養甫、吳昆生、許西銘、榮一心、萬墨林、程硯秋、李少春、童芷苓、劉醒塵等。

1944 年起，孟小冬常短期來上海訪友，有時參加義演。王先生隨來留駐上海，平時教戲、朋友聚會。經程硯秋、萬墨林等介紹，找樂老師治好了左胯傷痛，又學練太極拳，增強了曾因吸大煙而贏弱的體質。

1946 年我家遷回上海，父親找來學拳的震旦學生李蓮寶[1]幫補數理課，他愛拉京胡，成了知己琴友。

1947 年，程先生在上海演出，常去劉家（離我家 200

---

[1] 李蓮寶：樂幻智學生，樂匋密友，曾與樂匋一起師從王瑞芝學京胡，已去世。

米）調嗓，有唐在炘京胡、閔兆華月琴、熊承旭京二，就介紹我去找唐在炘學琴，學了一段程派二黃《三眼過門》。程還著人帶去天蟾舞台。台上，站周長華身後，看他拉《紅拂傳》。袁世海飾虬髯客，演生吃仇人心肝時，白登雲回頭跟大夥說：「不壞啊。」同年與蓮寶在廣播中聽了王先生拉的《搜孤救孤》，心嚮往之。

父親會吹崑曲笛子，平素推崇孫佐臣與王瑞芝，說他們是內勁。有意讓我跟王先生學，提出後就開始正式從王先生學琴。過後，徵得先生同意，帶蓮寶一起學。當時學琴的還有蓮寶的海關同事黃錫樸。再有閔兆華因跟茹富蘭學小生，王先生常去，也跟王先生學胡琴和老生，記得西皮工尺上曲牌是和閔一起學的。閔很喜歡拉它，說：「拉起來，一句緊似一句，有高潮迭起感覺。」一次海關票友彩唱《洪羊洞》，黃錫樸操琴，閔彈月琴把領。

開始跟王先生學琴是 1947 年秋，時間上處於先生 1945 年起，孟授意弟子趙培鑫邀請來滬，到 1949 年隨孟之後去香港，這段時間的後半段。學琴是假日上午 10 時到花園坊王先生家（離家 300 米），耽到吃罷中午飯回家。王先生開始學拳、學古琴，以及與行內琴師黎秋覺先生合作教唱錄音等都是前段的事。我趕上過看查先生彈古琴，左手好大的揉弦滑行距離，似乎是不斷變換手指的方向和壓力，仍是從容，幾乎沒有摩擦噪聲；對比王先生學彈則是直來直去地橫掃，較匆忙而雜音明顯。以後仔細回憶王先生胡琴指法，則很像查先生彈古琴從容安詳、連綿親切的風範。

余先生曾認真教過的程一中先生（程潛堂弟），腿瘸

常調嗓，「怎能夠」「昨夜晚」唱得多，印象深。茹富蘭先生在上海教戲，帶兒子小五、徒弟元義住黃家花園大棚裡，常帶我去。茹常唱老生戲調嗓。有位崑曲名家劉醒塵先生也常去。

一次劉吹笛，王先生唱《不提防》。王先生給吳忠一、趙培鑫教唱時，一邊拉著琴，隨時停下糾正，唱「提龍筆」，《洪羊洞》較有印象。隨去幾次海關俱樂部，一次王先生給人拉《二進宮》原板，又一次給拉《搜孤救孤》「恭身下拜」，印象特別深，蓮寶說：「王先生拉米尺寸上有八面威風感覺。」

有一次亞美電台票友清唱，蓮寶哥進德唱「娘子」，我用自製白竹竿琴給拉。王先生擔心我不適應鼓佬的鼓點，在玻璃牆外面比著鼓箭手勢給我。

王先生教琴不用曲譜，也不講解，就用胡琴帶你跟著拉曲牌或托腔。差不多會拉了，再一手鼓箭子，一手鼓板，快慢變化著讓你跟，同時練入頭和住頭。

當時的理解就是打好尺寸基礎吧。直到最近，由帶領何毅小友一道拉了一段時間，每週兩次，每次一個多小時。不到一個月，發現他從一開始怪聲怪氣的節奏和發音，居然變成基本跟上我的節奏，發音差別也不大了。對照此前跟我學了幾十年的小王，非給寫譜、註上弓子才能拉，見面多是講方法，這不對，那不對、實際進步較慢的情況，才恍悟不背曲譜，不講方法，帶領著拉是較有效的教學方式。

王先生帶我拉得最多，所以同時學的幾人中數我最接近王先生風格琴音。想是感性薰陶比講道理學習更全面，

印象更深遠。一般記熟譜和上下弓覺得會了，實際上除了這些，還有更多重要的細緻內容有待認真發掘。多數當時並不理解，但有了感覺上的積累，在以後會逐漸回味體驗出來。這也和我少時背四書、唐詩類似，要是只接受能理解的東西，那就顯窄了。

■ 引領鬧琴

鬧琴就是發現琴有不足，時常地修理改進。要是在質量上升的時段上，適時中止，還不失一把琴；若是過了頭，再修就品質愈降。所以王先生常告誡「量材施治，見好就收」。當然他手上一把拉孟小冬的孫老綵樓配琴和一把余叔岩灌沙橋的琴是從不鬧的。

王先生還講過一些琴的故事：陳鴻壽對琴十分愛護，連同琴袋不是拎著而是雙手捧著走道；蒙皮不讓取下擔子，儘管軸和筒還歪著也不讓動。李佩卿故去，余先生商李嫂，提議 200 大洋買那把琴，李嫂堅不允，將琴供著，留待志良長大好用。

手裡那把王雲亭琴，據傳王雲亭老先生不知何時打過媳婦，底節都披了，修理後，底節堵頭一直堵到了風口下沿。在先生手裡，王雲亭琴還修過一次下軸，手感好使了，且琴音更顯穩定紮實。王先生由自己兩把老琴，琢磨到用手指輕彈琴的音節，「反應快，聲音通透，無反力，指甲不痛」，是發音良好的標誌。對琴音的追求，還是以李佩卿的琴音，「裡弦堅實圓渾，有咚音，外弦明澈柔亮」為追求目標。

先生還說，「好胡琴需要音頭有咔咔聲，弓子走起來有呼呼聲」，大概是這樣才能令琴之音域寬以及有較鮮明的節奏感。孫老琴和王雲亭琴是如此，後來聽到李志良拉李佩卿琴的錄音，確是咔咔聲十分明顯。

1948 年在無錫上學，跑熟了城裡胡琴鋪，有「無錫楊寶森」之譽的票友沈威時來學校聚會，用的就是當地琴鋪的黑花桿琴。一次與蓮寶請了王先生一起去無錫琴鋪挑了幾根擔材、筒材，一根黑色花的最好，請呂順昌趙師傅做成胡琴，居然頗有李佩卿琴味。王先生高興之餘，在八仙橋湖南餐館請程一中和我們吃了一頓，飯後回住所，程唱「怎能夠」，蓮寶還錄了音。後來終因琴音不夠緻密而淘汰。

王先生常帶我去呂順昌琴鋪，給黃錫樸選製了一黑一黃兩把胡琴，幫無錫同學劉達夫選了一把半花底節帶水溝的胡琴。我從趙師傅那兒學會了上海粘麻布蒙皮，聽趙說「桿子、筒子儕要結練」，大概是結實老練的意思。

1949 年秋王先生去港，孫老琴和王雲亭琴的筒都是用先生存的好黑皮，我給蒙的。當用小斧頭猛敲木楔子時，先生在旁驚愕得張大了嘴。完了看蒙砸，鬆了口氣說：「蒙這麼棒，恐怕我都沒資格拉了。」

蓮寶到無錫看我時，校舍擺渡對岸就是黿頭渚，在山後小廟旁伐過兩根湘妃竹，一根請上海趙師傅做成胡琴，一試之下，音域窄而暴烈。

蓮寶說：「吃不消，真是十五行滅絕神光。」近年京地生產了一些湘妃竹琴，音色大致相仿，欠寬少和，一般老生、青衣像是不太合適，也許其他行當有合用的。在安

徽學做的白竹竿琴，熊承旭來上海家拉過說：「不錯。」
聲音結實、圓潤，但欠寬鬆，不夠透亮。

　　1956 年先生到京參加了北京京劇團。我於 1957 年秋
調北京工作。先生常帶我去東安門民族樂器廠修理部找師
承洪廣源的許學慈、李運智二位師傅修琴，於是開始學習
北京正宗的修製方法。此前先生的王雲亭琴請洪廣源師傅
換了個刻花老筆筒，聲非常好。說是團裡熊承旭拉時，喜
歡得合不攏嘴，流了哈喇子。後請洪師傅把筒上的山水人
物花紋刮掉。

　　洪問「刮嗎」，意思是別刮了。先生一再堅持說
「刮」，洪說「那我刮了」。

　　豈知刮後，聲音從此不靈。原筒我給裝到另一根有水
溝的新擔子上，老大世澄 1968 年到內蒙古插隊帶去練習，
先生一試還行，說：「好好練。」

　　20 世紀 90 年代末，把它原筒回復原擔，根據聲音判
斷，外弦第三指欠亮是筒偏長的原因，去短 2mm 後就好
了，與孫老琴一同由老四世良保存。先生回京不久，屠楚
材贈先生一把羅漢竹琴，請洪師傅換筒後，大佳，譚富英
幾乎非此琴不能唱。

　　一次剛送去換皮，譚一聽該琴沒帶，就感到嗓子不帶
勁，調嗓也唱不出來了。當時先生十分後悔不該送去蒙
皮，因為並沒破，不是非送修不可，譚、王合作的錄音中
都是該羅漢竹琴，除發音好，還跟譚的嗓音十分諧和。該
琴由大公子世澄保存。

　　20 世紀 60 年代在東安門民樂廠修理部遇見愛拉京胡
的兒藝團大提琴師馬力（張進平），我讚賞他搞洋樂而無

洋味，他說我拉京胡有獨奏樂風味，更通過許師傅而成莫逆。許師傅做了一把大提琴，讓他大兒子許志剛跟他學大提琴。我二兒子樂莊拿了許師傅 3 元錢買的小提琴跟他學拉。

■ 教唱旁聽

1955 年冬王先生攜家由港返上海教戲。我在南京上班，節假日回上海找先生學琴。先生家先住高恩路吳忠一的汽車間樓上，見過余二小姐慧清調嗓，除了嗓音像余叔岩，且發音收音有力，蓮寶說：「像是聲音打到牆上能彈回來。」去吳家有時先生不在，就由我大概給吳中一調兩段。學琴主要是聽先生邊拉邊教唱。後來先生遷往高思路學拉琴的呂德寬樓下，帶同學吳孝恩去過。

學唱的還見到有薛浩偉學《洪羊洞》；孫九家夫人學唱《武家坡》（孫九家夫人叫吳嬀，是孫陽儂的九弟媳），去旁聽過，也看過她彩排；聽說還有張少樓、張文娟，沒見著過。到 1956 年冬先生回北京，這一段對先生拉琴的一些氣口、特徵性的弓法指法，加深了印象，但還倣倣不出來。

從 1957 年秋工作調北京開始，恰是王先生參加北京京劇團期間。先生住景山東街，騎車去虎坊橋工人俱樂部上班，除了教唱調嗓外，與譚富英的合作，可說珠聯璧合，相得益彰，留下一些寶貴錄音資料，如《烏盆記》《戰太平》等。

先生熟悉的是譚、余傳統戲，在團裡常調嗓說戲

的，早期有賀永英、裘門弟子趙致遠等，中期有高寶賢等，後期有陳雙喜等。這幾位都來先生家見過；還有馬長禮、耿其昌等，是聽說。

先生為了努力跟上現代京劇的發展，在團裡從陸松齡琴師學了簡譜，在家向來京演出拍片的上海《智取威虎山》劇組高一鳴、尤繼舜（上海操琴故友的弟子）學習現代戲伴奏。

傳統戲與現代戲有理念上的不同，如傳統伴奏各樂器雖分主次，但充分保持個性（即各自完美性，每一樂器、每一句、每一音、每一弓都是自身完美的），以此襯托出整曲、整體的完整性，及和音伴奏（如江南絲竹也是）；而現代戲，大樂隊伴奏，某種程度淡化了個性特徵。

這段時期，我用心琢磨的是主要的弓法指法。例如，大致觀察練會了搖板過門的長拉弓，脊椎挺起低半音，然後近弓梢處快速餤抹到本音的特徵性拉法等，教過我夾曲牌的洛神原板，曲牌過門稍快，到起唱末句過門落慢，很有特色。先生曾說：「在團裡唱主嫌我拉得像溜冰一樣歇不下來，不往下走不行。」顯是節奏感覺得不一致，當時都不太明白，現在猜想可能是傳統京劇節奏上強調一氣呵成，就像練功修行也提倡「一到就走」，不可流連好風光，但各種流派的不同發展，就無定論了。

1970 年我還推薦廠裡電工陶榮生（坤旦陶默庵之子）跟先生學唱，後成余派名票，與高寶賢交好。先生1976 年因心疾仙逝時刻，他守醫院床前，先生拉住他

手，相顧恬然，覺手猛地一緊，溘然已去。榮生一人牽手恭送，亦大機緣也，上海同學周祖卿隨樂老師師弟董世祚學拳，在北京工作，偶與先生交流練拳。先生痔發住院期間，周常去看望，至今念起，甚感於懷。

■ 追影尋聲

1976 年冬先生故後，常追思先生的身影手形，聆聽先生的錄音，追慕拉琴之節奏、發音與風格。此外，深感老一輩琴師及愛好者得一好琴之難，更多的時間用在研究瞭解胡琴的音色品質與材質、工藝結構的關係，希望能多出一些好琴，讓琴友和愛好者們都能有一到幾把合格稱手的琴。除了真心誠意和民族樂器廠修理部的許學慈、李運智二位師傅交朋友點滴討教以外，地質學院李振山教授是李慕良琴迷，他與林學院孟兆禎教授交好。

李和我一起研討修琴，1978 年他發現底骨節下沿到下軸（弦位）與到頂（四節）的長度比例為 5.5：8 時，外敞弦最透亮。在民樂廠修理部，琴頂上加一圓片黏上或取下做試驗，效果明顯，得到修理部眾位師傅的認可。後李振山調青島化工學院，回了老家。

1984 年假期回上海，上海京劇團蔣阿炳琴師冒著雨把他所有的琴都抱來我家，說：「隨便拆，隨便研究。」結果發現他台上拉《智取威虎山》的那把上海京胡收藏家李磊若送的琴，擔子拆下帶軸，用底節風口側面輕敲筒的中部，發音最好，高音鬆快圓厚。自此就採用擔敲筒作為擔、筒選配的初步方法，當然還要試拉確定。

　　1988 年去青島出差，用擔敲筒方法，在李振山 18 把琴裡有 4 把得到明顯改進。

　　2000 年後先研究比較有名的擔子品種，如梅雨田灌賣馬，孫佐臣灌綵樓配，王雲亭、陸彥廷、王少卿、王先生拉孟小冬、李慕良、汪本貞、蔣阿炳等用的都是福建產紫竹琴；孫佐臣灌《虹霓關》，沈玉才拉《紅燈記》，王先生拉譚富英都用的羅漢竹琴；徐蘭沅用的是江西產紫竹琴。據製琴師傅介紹，比聽景音和手邊這幾種竹擔琴的比較，大致覺得：福建紫竹琴裡弦音深厚濃重、打遠，外弦音犀利透明、穿透力強，但成批新琴中，出音好的較少；江西竹琴音量大，輪廓音強，產製中優品率較高，但裡弦音稍薄，外弦音略禿；羅漢竹琴音色優品率在前兩者之間。

　　2004 年 6 月開始集中研究福建產紫竹琴，北京薈萃廠專做福建紫竹琴，批量生產，價格公道，由幾個琴友輪流做東，每月買幾把，門市蘇顯輝經理每次都把所有的琴逐個拿出來幫挑，回來換配筒試音，好的先拿走，剩下慢慢研究。

　　到 2006 年 6 月為止，共購進 149 把，較好的除留北京朋友外，還散贈到上海、香港、美國各處。餘下 30 把，分成音節、手節比例接近五度律音階比 1.125 的，四節與音節比例接近 3.3813（各節按 1.125 遞減的總比例），音節過長與過短的三組，發現音節不合比例，只要擔子材質好，配筒合適，仍可臻好琴之列；音節比例合適的，材質略欠，筒配好了，仍能發音良好。音好的主要標誌是：聲音緻密通透，泛音手感強烈，音色優美如歌唱。

新琴調音的順序，按影響大的優先，大致是修軸—配筒—調軟硬口—試拉—選弓—選馬—調安筒底骨節高度。需要時，修風口、調修四苅。30 把中有 15 把配筒達到發音良好。

■ 後　記

根據爸爸手稿，一共寫了三稿。一、二稿添加、改動較多，有些地方難以通順。好在第三稿比較清晰流暢，錄入順利。這篇文章在爸爸離去時還未來得及修改、校對。在錄入過程中除個別地方外基本上未做改動，按原稿錄入。這是爸爸去世前一直在寫的文章，見文生情，恍如聽到說話，見到身影，歷歷在耳，歷歷在目。

此篇文章主要是記述隨王瑞芝先生學琴的經歷，也算是爸爸一生的簡影。感爸爸一生有心有義，亦感生命之短暫。昨日做孩童，今朝人已去。影塵夢幻身，人生終難久。

樂匋原稿　樂正敬錄

2007 年 11 月 27 日

記王瑞芝老師琴藝①

　　瑞芝老師的琴藝最早師承內庭供奉笛師胡子鈞先生。其間樹立了對藝術嚴謹誠敬的態度作風，並打下了尺寸、氣口的堅實基礎，其後一度受教於陳彥衡先生，練就多套曲牌，並受到了後者古樸儒雅氣質的薰陶。早年傍魏蓮芳期間，她受到徐蘭沅紮實流暢、落落大方風格的一定影響，其後傍言菊朋，形成了明秀挺拔的藝術風格，最後傍了余叔岩，最終得到了最嚴格完整的訓練與薰陶，特別是在陪同孟小冬一邊伴奏一邊聆聽余先生教誨說戲的很長一段時間內，得到的教益最為豐碩。

　　此外，1946 年起，老師在上海傍孟小冬並教戲期間，因體弱及左胯傷痛，開始從名師學習太極拳，勤練不輟，除得身強體健，家庭美滿外，還在琴藝中融入了「柔中帶剛，圓中有方」等深層的體用哲理。

　　20 世紀 50 年代應邀赴香港與郭筱農、任莘壽等琴師常去孟宅聚會，老師為孟調嗓、課徒伴奏的同時留下了不少寶貴的錄音資料。後期又應譚富英邀回到北京，有了與譚先生交融的機會，百尺竿頭，更進一步。

　　老師琴藝的具體內容可分為：心法、身法、技法三層。心法或曰存心，是指平等心、仁愛心和堅定心。心中平順就氣定神閒，心存敬愛就與景與人和融契合，並且對

---

① 本文後經陳志明先生修改後發表於《中國京劇》雜誌。

以我為主、不依不附的藝術方向堅信不疑。

老師曾說：「對玩意兒要忠敬誠信，用心上進。要是為了學幾手就拿去奔飯，我就不教給你了。」身法者，身形正直能生長浩然正氣，謳歌義士忠良，鞭撻賊子奸佞。自頭頂下至尾骨，脊柱挺拔中正，能生長充沛的內力，由脊柱主導，使全身一個整勁。發弓起音自腳起，主宰於脊柱，經手指達於琴絃，落音經周身毛髮歸於四外。

老師說過「全身要放鬆」，指的是各關節都帶三分勁的、鬆而貫通有力的鬆，不是鬆懈的鬆，指「勁意由內而外，不用拙力」。也曾提到，孫佐臣先生見老師少年時操琴，說：「這就對了，拉胡琴不是用力的。」

老師操琴之姿勢見附照片，原是架腿的，後發現左胯傷痛與架腿有關，以後逐漸改成不架腿了。技法不外乎弓法、指法和弓指應合三方面，老師說過：「上弓要快，音要起來，戳弓要慢，勁兒在上弓，味兒在戳弓；起弓要在近手指馬尾處開始才充沛有勁，上下弓子要拉滿；上下掉頭，弓子不要停。」說的是掉頭前，弓子手指繼續走別停，待身手都掉過頭來，最後才是弓子掉頭，這樣全身像抽絲一樣帶動弓子，才勻淨有勁。

老師講：「弓毛貼緊擔筒，弓桿要立起來（相對弓毛）。」這樣換裡外弦時，弓桿前後動得較少，並且無名指扣住弓毛，像盪鞦韆似的裡外擺動。而右手橈骨輕微轉動，如握小鑼的鑼板和彈月琴的動作。老師也曾說：「胡老師教我學胡琴前，先學小鑼和月琴。」指法包括握琴、攔琴、按弦等。握琴是虎口張開，拇指根節在下，食指根節在上，上下別住擔子，而不是夾住，虎口有了夾勁，手

指就發緊。擱琴是左胯內抱，琴擔略後頃，並左傾約 30°（使地心引力幫助下弓及拉裡弦），讓底托後部與琴筒後底部卡擱在左股中部，其時弓毛挨弦處位於胸腹左右的中間，琴筒約略與胸腹平行。按弦要點是手指各關節均勻彎曲，各手指自然彎曲所構成的平面垂直於按弦之點，且按力方向朝向擔子（亦即朝向蛇皮），這樣按弦力量集中，省力又效果明顯。按弦以指肚的最高點首先觸弦，然後徐徐按下，由輕而重，再視弓力的小大而調整按弦的輕重。弓指應合主要表現在發音、落音、滑弦起音、滑弦落音、打音和加強音等方面。

發音要點在於兩手同時觸弦（不能有先後），發音才能準確脆亮，如擊鼓彈弦。落音要點在於弓子加速推後離開弦，手指加力按住，就出悠長的餘音。兩次打弦作氣口，用於句中，如二黃原板過門之裡弦戳弓一指音，用二指打兩下，以及西皮慢行弦之拉弓第二指音，用三指打兩下。滑弦起音，如二黃搖板過門外弦第二指音之長拉弓，西皮搖板外弦第一指音之長拉弓，還有西皮二黃之裡弦「1」音等，都是上弓先用前大半弓子清楚發出降半音，然後用後小半弓子，按弦手指緩慢滑動至正音，其音效外弦猶如長虹經天，裡弦猶如擊鼓之聲。隨後一拍兩字的後一字，按弦手指不可跳動，尤其後半拍音由於弓力快促，尤需手指加重，以保持音色純正。

滑弦落音以西皮「1」字為例，落音的前一弓拉足，落音下弓的前半弓要慢，並出準「1」字，落音用後半弓快推，手指自「1」快速下滑，並順勢滑過千斤離弦，其時弓毛也快推離開弦，即出渾厚深遠的落音。

單打音宜快不宜慢。有用於第一音作醒耳音，如西皮三眼之「6」字。或用輕打音不作醒耳，而添圓潤，如西皮三眼過門外弦一拍四字中最後一個「6」字用輕單打快輕拉，以增流暢。戳弓三打音常用於二黃外敞弦，如散板、倒板過門，及托唱腔中之輕撇，如八大錘「渴飲雪」之「飲」字。加強音用原字雙打加強，如二黃原板過門第三句首音「3」。

強墊音加強，如《空城計》「準備著羊羔美酒」之「羔」字，音符「2」前加一強墊音「3」，如敲鼓之效果。老師從陳彥衡先生學的曲牌中有一些較獨特的拉法，如二黃八叉首句末尾「1」字分作先上後下兩弓，再如西皮《柳青娘》第二句開頭的「3」字，食指先向下滑至升「4」再迅速上滑，出「3」音。這兩種拉法都顯得俏麗活潑。

老師提到：「余先生常說，尺寸是第一位，氣口第二，勁頭第三。」看來，尺寸就是板眼節奏，是即景生情，由心而出。有曰「心板」，是表現劇情和牽動觀眾的最重要因素，屬於心法範疇。氣口是呼吸，自己身上調理合適了，人家聽來也覺舒服，也是身法範疇。勁頭是虛實結合，奇正相生，屬技法範疇。

以上三層方法所產生之總體效果，或曰章法，或曰風格，可以見仁見智。但就筆者看來，老師琴藝的特色，可稱：格調高越，氣勢恢宏，激越處如長虹經天，柔細處如落英繽紛（每一音均頭尾完整），有儒雅仙聖境意。

瑞芝老師留下的錄音大體有：1933 年為言菊朋灌的 4 張唱片——《罵楊廣》《珠簾寨》《喬國老諷魯肅》《臥

龍弔孝》，以及 1940 年為余叔岩灌的 3 張唱片——《沙橋餞別》《伐東吳》《打侄上墳》，用的胡琴是譚鑫培琴師王雲亭的老尺寸紫竹琴。

1947 年 9 月上海中國大戲院為杜月笙祝壽，孟小冬等唱的《搜孤救孤》，用的是孫佐臣給陳德霖灌《綵樓配》唱片的紫竹琴。老師在香港給孟小冬拉的教唱錄音，以及孟小冬、趙培鑫、錢培榮等的一些錄音，用的都是孫老琴。

20 世紀 50 年代後期，老師自香港回北京傍譚富英後，有多段錄音，如《烏盆記》《將相和》《桑園寄子》《硃砂痣》《戰太平》《打漁殺家》《打棍出箱》等，用的是屠楚才送的羅漢竹胡琴。經洪廣源換筒後大佳，譚幾乎非此琴不能唱。3 把老琴至今保存良好，王家兄弟常以之業餘操習，以為紀念云。

老師與筆者既屬師生，又是拳友，相識 30 餘年，彼此無有間隔，是以對老師之琴藝略有淺窺。因非行內，寫來不免錯漏，權以行外所見，聊備一格，用資引玉耳。

2006 年 5 月 4 日

與王文芳討論學習『余唱』

知您有志於研習「余唱」，對您選這條較難的路，深表讚許。得遇經孟師親授的錢培榮先生指點，更是難得。錢我論學余是師兄弟，論太極是我師叔，不是外人。未曾謀面，對他大力推廣孟之教唱錄音，印象頗深。

蓋京劇藝術自有商業價值以來，業內自不免保守封閉。如孟 20 世紀 70 年代初在港調嗓教戲，從來禁止錄音。而他卻想方設法，以羈旅國外，來學苦短，但求時聆教誨為由，蒙準錄音。後來即廣為傳播，使寶貴藝術不致湮佚，實感欽佩。

我自 1947 年起跟隨王瑞芝老師學琴，到瑞師 1978 年辭世，歷 32 年。瑞師長我十八春，琴是老師，太極是師兄，師友之間，無有規約拘束。但我對唱和戲都不想學，他教唱時（有時邊拉邊說），我在旁邊多是心不在焉。

平時只注意於拉琴如何出自然完整的聲音和優雅大方的節奏，學曲牌多，學拉戲少。後來又致力於如何讓多數胡琴能出好音，於是修琴多、拉琴少。

故此對於京戲和胡琴，實是業餘再業餘，外行又外行，對「唱」自無從置喙。但一來感於您的誠心志向，二來根據「唱」以外的聽、聞、拳、琴等方面的感覺，再援引傳統文哲的概念，回過來對唱似乎也有些可以提出討論的，姑妄言之。

瑞芝老師講：「余叔岩先生常說：『唱，尺寸是第一位的，氣口第二，勁頭第三。』」而一般大多注重於唱腔

及一些技巧，顯是未得本要。分述如下。

第一，尺寸

包括節奏、韻律、尺度等有關時間、空間以及人事等多種概念。即無論鬆緊快慢、抑揚頓挫、跌宕搖曳都能合情合理，恰到好處。常言道「心裡要有板」，屬於心法範疇，所以是第一位的。只有心才可以超越時空、人事而能調動它們到最佳最美。但應是「止而有定」「定而生慧」，自然地生出渾如天成的尺寸來；是回到童心、無為、不假雕琢飾彩，而自然而然地抒己感人。

之所以交響樂的指揮和京劇的鼓佬最受尊重，因為他們是把握尺寸的，是起靈魂作用的。也正說明了尺寸第一位的重要性。

關於輕重的規律，舉例來說一般是板上重、頭眼輕、中眼次重、三眼次輕。對於一拍有多個音符的也是按這個輕重次序，才得自如流暢。李蓮寶師兄曾說：「最好的節奏在唐詩裡面。」旨哉言歟。

第二，氣口

拳經云「氣貼於背」「呼吸往來於口」，也有時間當口之意。大體上，有兩類氣口：

一是收韻氣口，口形不忙收，一吹一吸（和對紙捻子吹火相仿）。吹是收韻，吸是讓出氣快停，這樣聲音就能打出去而撞牆彈回來（這點，聽余二小姐的唱最易覺察，王玉民君有錄音）。運腔中的暫收也是這個氣口。吹吸不是靠胸腹（力量速度不逮），而是身背面近中部（包括頭後、胛、腰肌、骶、臀尖）橫向朝中間一緊、一緩，並不覺有氣出入（因這樣的氣流不是貼邊的），而完成有力快

速的吹吸。

二是發聲氣口，一呼一吸再唱。合著節拍，在發聲前一拍的前半拍，同前，身後向中一緊，不知覺地把胸腹中剩氣排盡（此時身內有萬籟俱寂的感覺）；後半拍身後一緩，不知覺地吸氣，然後開唱，準時發聲。唱快板時，只用一個收韻氣口。由於都是用身體背面幫助呼氣吸氣，所以氣口是身、口諧和於節拍的協調動作，所以屬於身法範疇。

再者，身法還有一要點是身體包括上下肢：豎向七分舒鬆、三分整肅；橫向三分舒鬆、七分整肅。三七者，都留有變動餘地也。身肢若沒有舒鬆與整肅的協調配合，發音豎立不起來，不能通天透地（天花板、地板都響），否則就易成橫扁的聲音。這點聽以色列坐輪椅的小提琴家鮑勃的演奏比較明顯，即上面通氣而響，下半身和地板都不通不響。此外力度不主要在於音強，而在於時間節奏準確（不是機械性的準確，這方面聽托斯卡尼尼、卡拉揚、阿巴多等名家指揮的樂曲，就能有體會）。

第三，勁頭

屬於事法，即處世做事的方法，就是「物有本末、事有終始、知所先後」的道理。在這裡就是唱法了。經云「覺者畏因，迷者畏果」「只問耕耘，不問收穫」「慎終追遠」「知雄守雌」，具體到唱，勁頭就是勁的源頭，就是唱的原因。大家都聽到了唱，那是結果，而原因是聽不見摸不著的。

所謂畏因、耕耘、守雌，都是提醒大家要重視原因，重點是想著並注意做好唱出前的準備工作。慎終就是慎重

處理好一句、一字、一腔的結尾，因為它是後續唱的重要準備之一，也叫「軟著落」；追遠是慎終才能及遠，意境先到了遠處，然後聲音也就能追到遠處，也叫打遠。所謂「寧靜致遠」，重點是「靜」字，靜主要是沉住氣，不要「熱忙」，「即便馬上就到，猶覺尚餘千年」，這方面譚余孟楊諸名師之唱，以及孫佐臣、李佩卿的伴奏可為楷模。所以首要的問題是弄清楚勁用在哪裡，是唱之前，唱之開始或唱之後。

根據上面的通理，就是要勁頭、心思都用在唱之前。合好尺寸，蓄好氣口，擺好口形，一噴而出。唱出之時和唱出之後，那只看你準備了多少用多少，只一聽自然，不可加力或修飾。這在余唱「玉兔升、黃昏時候」的「候」字以及「姚皇兄，休得要」的「要」字等，都可以清楚辨出。越是有力度的地方，越需要這樣的「軟啟動」。不少在有力度的地方用硬啟動，認為是省力，也易要好。先不論要好，就說是否省力，蓋大力的硬啟動，一費嗓子，二唱出之後，還需加注意控制氣流，所以總起來並不省力高效。但硬啟動在不需要另做準備的非力度的地方，如腔內的跌宕等是用得較多的。總之，唱要做到「來也無始，去也無終」。來時不著痕跡，該來就來了；到唱是完了，可聲音還沒完，饒有物理心理的迴響。

古人云：「取法乎上，得乎其中；取法乎中，得乎其下矣。」所以學習余唱，需要明瞭譚余孟楊唱之脈絡（「源」或共同點）及其別異（「流」或差異點）。其中基本傳承的脈絡為：自然、平實，為藝術而不為迎合取悅於一時；要令人餘味雋永，百聽不厭，愈聽愈好。賢哲

云：「不依一切，自作主張。」「仰不愧，俯不怍。」自信自安，自然流露出襟懷坦蕩、落落大方的威儀、颱風與演唱，至誠而能感人至深也。

　　記譚一次演出唱完一段，台下熱烈喝采叫好，而譚卻示意叫場面停下，朝台下說：「不好，重來。」又重新唱一遍。余收孟時說：「跟我學可以，三年不得演出，做得到嗎？」孟坦然首肯。這些都是真正為了藝術的感人事例。余、孟都是老師灌過的唱段不灌，老師常演的戲不演。余告孟：「我的唱腔都經過了千錘百煉，不要輕易改。」孟就真正地一字一腔都不改。余分別囑咐幾個學生：「你們只演本人主學的戲，別人主學的戲不要搶著演。」其中孟是真正做到的。這些都表明了尊師重道的真誠信念。

　　實際上離開了這個道理，心就容易偏，行就容易歪，也從根本上限制了藝術品位的提升。幾位名師別異之處，大致在於：時代的變遷、唱法的發展、文化底蘊、天賦及身體鍛鍊等的差異。例如文武兼長是譚的特點之一。譚唱時蒼勁自然、古樸渾厚，唱法簡單平實，上顎音拔起有叫天凌雲之勢，如「帶過了黃驃馬」的「馬」字。還有動下巴助音用得較多，形成了後來學譚的特色之一。余是學於譚的，這助音當然不會不用，例如在「公孫杵臼把計定」的「把」字上，用下巴輕閃了一下。

　　余的唱是天真無邪，猶如孩童抒唱，悠遠自然，真情感人。特別是唱法上不著痕跡，而且常常工尺都不明顯，難以捉摸，如「我與那公孫杵臼」的「我」字。所以學人往往找不著門徑，加上業內保守之風盛行，例如，余每天

調嗓教唱都在後半夜兩點以後；調嗓時左手虎口食指遮住了上唇及口形，說是為了習慣髯口，其實是口形保密。老譚灌片還有意唱錯，不讓人學了去等。

孟著實是尊師重道、勤奮好學的模範，現在存留最精彩的代表作是 1947 年上海杜家堂會《搜孤救孤》的整出錄音。其他有錢培榮先生貢獻發行的孟教唱錄音，郭筱農先生（當時香港杜家加上王瑞芝、任莘壽的三大琴師之一）保存的當時在香港杜家的調嗓錄音等都很真實精彩。如「趙屠二家」的「家」字唱得極好，每聽都欲淚下；又如教唱中「開龍恩將臣放」的「將」字，把過分牛皮糖的裝腔求告，表現得淋漓盡致；「春來百花齊開放」的「春」字，表現了余唱的獨特風格，即工尺不明顯而愈益貼切動聽。

孟與余相比，主要差異在於，較有形跡可循，便於學習捉摸，例如唱腔工尺比較清晰可辨，再有道白中端威儀、擺風度的痕跡似乎也較可覺著。楊與孟的主要差別在於唱腔更清楚，有時甚至是一個音符一個音符分開來唱，如西皮搖板。但總的規矩誠實，不求花哨，所以自然地成為眾所學習的楷模之一。

神韻方面，譚好比漢代古詩，古樸敦厚；余可擬唐詩，雄秀雋雅；孟有像晚唐五代詩，俊秀俏麗；楊則猶如宋詩，樸實細膩。賢哲有云「法無伎倆」「玄像成於未形，虛勞煩於飾彩」「但只退步，愈退愈明，愈有力量」這些教語，都是提醒大家，要退有為到無為，退飾彩到平淡，退虛勞到定慧，退技術到藝術，從孟楊退溯到譚余，是所至禱者也。

　　關於中西詠唱和樂器音的主要差異，大體上也源於人文哲學的不同。如中國傳統的是陰重陽輕，遠重近輕，抑重揚輕，蓄重用輕，即所謂「用之不勤，綿綿若存」「吹毛用了急須磨」；節奏講一波三折，講橄欖音；樂器音講聚、含、圓、鼓、立，強調獨立的個性美。而西方則好像是重陽輕陰，重近輕遠，重揚輕抑，重用輕蓄，節奏多用平攤和大的迴旋起伏，不講橄欖音；樂器音的要求也好像有些相反，並強調合眾的諧和美。由於存在這些本源性的差異，所以怎樣解決好中西交融，以及傳統與時代的統一，將是一個長期的課題。

　　以上對余叔岩先生親口教導的「尺寸第一，氣口第二，勁頭第三」依據心法、身法、事法做了旁通的詮釋，進而對余唱的源和流談了一隅之見解。此外，還對中西詠唱和樂器音的差異做了盲人摸象的揣測。行外雜說，不免張冠李戴，牽強附會，姑妄聽之耳。

2003 年 6 月 22 日

與林瑞年①君討論『通天透地』

「通天透地」大意就是與天地接通，以能更好發揮萬物之靈直立人的智慧與體能。對天對地，無論靜動皆與之迎合、不丟不頂謂之「接」，各不相礙、各得自如（可以溝通）謂之通。人可接觸到的「天」，一是天對地的垂線，二是天的代表「空氣」，所以時時留意使身中的最主要部分，自尾尖經命門、天突到頭頂的「中線」，保持在天對地之垂線上。

這樣全身的主要器官將都處在最自然合理的位置，它們的各個細部也都處在愉悅自如而最能發揮潛力的狀態；再是無論靜和動都保持中線垂直，其垂線通過沿著著力腳（陰腳）的腳窩內側從空著地，以及與空氣兩相知覺和互不相礙，也就做到了與天接通。人能接觸到的「地」，除了站到地上、坐在凳上（七分坐，仍有三分靠腳站地）、躺在床上等具體的「地」以外，還有一個無所不在的「地」心重力，需時時注意使重力均勻分佈於全身，勿使集中於某處。倘若總重力線穿過某處某關節，再加下面部位的上頂，對該處、該關節就應力集中，久之將成病。

常見之弊如頭壓膝，身壓胯，肩壓頸、心、肺，背壓

---

① 林瑞年：林瑞平之兄，京劇愛好者，自小受家庭影響，喜歡京劇，學京劇武場，能打鼓，尤擅大鑼，唱老生余派和青衣程派。請樂旬老師指點京劇老生余派唱法並學習京胡製作修理。每次回國內探親都會向樂老師請教，還曾在樂老師指導下完成一把羅漢竹京胡的製作。現居美國。

胃，脅壓肝，骼壓小腹，踝、膝頂胯、小腹，脅擠腎等。當然也是無論靜止、運動都要求做到與具體的地（地面、凳子、床板）既保持穩妥接觸又各向能自如揉動無礙，同時與無形的重力保持良好的均勻感知又不相礙的與地接通狀態。

運動狀態的與天接通，除時時保持身中「中線」的垂直並沿腳弓內側從空著地外（參見《身形十六基要》），還需在肢外靜、身內動的準備階段，從身後生成一個圍繞身體的反向氣旋，隨後到身內靜、肢外動的發放階段，手腳就正好順著身前的順向氣流而動，這樣就保持了動態的與天接通。

運動狀態的與地接通，除時時保持身肢各處重力的均勻和觸地處以上關節能自如揉動外，還需在動作的準備階段，拔起中線（身肢中心屬陽，中間層屬陰，外層有陰有陽），拎起全身陽點（參見《人體之陰陽相濟》），產生中間一個集中主導的和外圍一批分佈相協的豎向勢能，然後在動作階段，利用此豎向勢能自然而綿綿不斷地轉化（中線由張轉緩，陽點轉陰）為動向的動能；並順勢利用內外動向來迴盪動的慣性，以順助前進、後退的動作。所以很好地利用重力與慣性，自然順遂地完成運動，可算是較全面地做到了與地的接通。

2003 年 7 月 10 日

真正拉琴的『腕子』在哪裡

近來由拳理知道小臂前節（約腕上一寸半）打彎（筋肌骨縫），可以有助於心氣放鬆，兩手更整齊呼應。用到拉琴就懂得了為什麼右手腕指不宜主動動多，致腕指之勢過早地用完，失去彈性。

初學時用此法可以增強音頭。但較強的音頭，緊接無力的後續音，效果並不好，也就是一般說的「大疙瘩，音沒鋪開」。右手主動指揮拉琴之部位，宜在從腕子上移一寸半處（手陽明外關穴）。此處主動（先動或領動），腕指都帶三分勁（不懈保持柔韌有彈性）隨動，音便聯貫，且後續音鼓滿有力。

董老師講：「鬆肩垂肘，乃言力不可聚於肩背，要將力移至臂部肘前一節。」說明不論肩肘腕哪一個搶先動了，必然都會分卸弓子的力量，對發音和節奏有礙。

再舉例說，扔個小石子，手臂沒有統一指揮，各處亂動，試問能扔得出去否。又講：「伸手不得過鼻尖，如違此，力卸矣。」對拉琴兩手都一樣不得過鼻尖，宜將胡琴弓子觸弦處，置於鼻尖，肚臍方位。

因為琴擔是向左傾斜的，所以左手在身中線的左側，不會越過身子中間。弓子的走向是右側斜向後，不是在身前橫著走。這樣下弓時就不需要超過鼻尖而致不得力，可得從容自如。

看來練拳老師的教導，和前輩琴師的說法是一致的，如「胳膊肘（像）夾了把床掃帚」，意思是肘盡量少動。

「頭正，身直，肩不動，身不搖，頭不晃。」若頭不正，身不直，除了拉琴有限制妨礙，頸椎腰肌也容易犯病。初學時眼睛看著左手指，為是幫忙按弦到位，但若成習慣以後就變成累贅和束縛了。

試想你在幹什麼事，有人老盯著你，你能輕鬆自在嗎？對手指來說也一樣道理。再說壓低腦袋，貓著腰，是打衝鋒玩命的姿態，有失儀態風度。孫老鼓勵瑞師說：「這樣對了，拉胡琴不是用力的。」因為一用力就會緊張，拉來像開機器，聽的人也不會得輕鬆。

記得孫老拉快板時，聽上去就像拉慢板一樣從容悠閒。兩肩都宜向後，前臂往前鬆，使雙肘的角度都不小於90°。角度小了肌筋緊張，難以拉出自然的節奏和輕鬆明快的音色。倒換裡外弦時，不是弓桿裡外大角度平移，而是拉裡弦時橈骨上旋，手勢如搓澡；轉外弦時橈骨下旋，手勢如抹牆。其中無名指不僅是貼住馬尾，而且用手指前關節扣住馬尾，這樣裡外弦轉換時，弓桿移動很少，僅是馬尾像鞦韆一樣盪向裡外。

記得王瑞芝老師常說：「胡之鈞老師（清末內庭供奉笛師）講的，學胡琴，先打小鑼，再彈月琴，最後才胡琴，這樣轉腕子（橈骨）就瓷實了。」

「最好還要練笛子，練手指的鬆順靈敏與輕重變化的手感。按弦是指肚，中部最高處，正對著蛇皮按，不可歪斜。」

還說：「拉胡琴是轉腕子，不是磕頭腕子。」「拉弓要有速度，音要起來，要鋪開。」「拉弓輕而快，戳弓重而慢；勁在拉弓裡，味在戳弓裡。」

　　例如：碰到一組四個音的，就是按照重、輕、次重、次輕，是一波三折，不是平均地轉機器齒輪。「唱戲有字頭、字身、字尾，胡琴發音也有音頭、音身、音尾，要出橄欖音。」

　　以上列舉的大多是現今常易忽略的要點，難免不合潮流，掛一漏萬，姑妄言之，姑妄聽之可耳。

2004 年 1 月 27 日

從胡琴運弓的『腕子』談起

　　據拳理和肢體運動規律，約略領會到凡屬身心協調的節律性活動大致都需要：腰脊頭容正直[1]；如騎馬般的收脊斂臀[2]；身體內、外、中三層[3]，內領外，下生上，豎出

---

[1] 腰脊頭容正直：要令聲音通天透地，佈滿場館，首要精神氣勢上下貫通，八方圓滿，也就是要身體內層（包括頭及主要器官）豎直正對向天地；接著要內圈（足底圈及頭圈）、中圈（尾閭圈，骶、胯、膝）、外圈（夾脊圈，胛、肩、臂、手），三圈不可交錯擠壓，一圈套一圈鬆活無礙，立如鬆樹，十方均衡；最後是百會、天突、命門、尾尖形成的中線需在一條垂線上。下動為上動之源，豎動為橫動之因，身體各部不相罩壓，裡外上下橫豎各向順暢通氣，以心疼愛護胡琴的心情與胡琴很好地溝通協和，出聲才能自然美妙，上下貫串，全場通透。以色列輪椅小提琴家帕爾曼演奏時，座椅以上聲音厚實豐滿，以下則略欠，再如歌唱家或其他小提琴家，凡是腳下膝蓋筆直，下肢較少彈韌性者，發音都是上邊多下邊少。這也許是東西文化傳統有別所致。西方多是，重顯輕隱、重上輕下、重外象輕內涵、重己輕鄰、重現實輕前因後果。而以中國為代表的東方文化則是以實現天地人、社會、環境、世界、歷史和未來都和諧發展為目標。相信東西文化將會逐步走向融合，實現人類共同理想。

[2] 騎馬般的收脊斂臀：在海拉爾曾見蒙古族群眾送孩子參加那達慕賽馬。猛一見覺騎姿威儀殊勝，好看之極，再細看原來是溜臀（大面積著鞍）、仰背正頭（中線直），非常自然。此種姿勢用於騎自行車，可能有不怕顛簸震盪之功效。

[3] 內、外、中三層：內層包括頭及身內主要器官，外層是肩胯及身軀四周皮肉筋骨，內外層之間的中間層起緩衝消解內外力的作用。中間層柔軟如水，隨順無礙，使內外層可分別相對活動，但各自又基本整體而動，不可擰麻花或折彎。動作次序是：身內（腰脊）領動，帶動換步，力源在腳底，由腰腿，帶動身臂手。另外，緊脊收臀，打開上下中間層，並使臂手腿腳都連在腰脊上，聽腰脊指揮。所有外動力及內外力都宜引向中間層，得以緩衝消解。

橫，並留意打開舒展中間層；周身陰陽相濟[4]。

　　具體到胡琴，真正運弓的腕子約在小臂前節腕後一寸半骨縫內肌筋打彎領動，這樣有助於身心協和，且使聲音透徹明晰而有落英繽紛之致。同時也懂得了為什麼右手腕指不宜主動和動多，否則致腕指之勢過早地用完，失去後續韌性和彈性。雖然初學者多用此以增強音頭，但較強的音頭，緊接無勢無力的後續音，效果不佳，也就是老先生說的「大疙瘩，音沒鋪開」。

　　上述右手主動指揮運弓部位是在從腕子上移一寸半處（手陽明外關穴）。此處主動（先動或領動），腕指都帶三分勁（不懈，保持柔韌和彈性）隨動，音便聯貫，且後續音鼓滿有力。董老拳師講：「鬆肩垂肘，乃言力不可聚於肩背，要將力移至臂部肘前一節。」說明不論肩肘腕哪一個搶先動了，必然都會分卸弓子的力量，對發音和節奏有礙。

　　再舉例說，扔個小石子，手臂沒有統一指揮，各處亂

---

④　周身陰陽相濟：無論臂腿或身軀，都有內外中三層。內層恆陽，中層恆陰，外層緊貼面為陽，蓋與中間層異性相吸之故，外層鬆弛面為陰，因與中間層同性相斥也。同此理，身前為陰，身背為陽；頭前為陽，頭後為陰；頸前為陽，頸後為陰。身之左右側，包括手腳，陰陽輪換，動向側為陽，動背側為陰。操琴則左側為陽，其時腕肘胯足掌趾虛懸，肩膝踵鬆沉，屬軀體外層之內胯鬆沉，屬軀體外層之內肩虛懸；右側為陰，則腕肘胯足掌趾鬆沉，屬身體外層之內胯虛懸，肩膝踵虛懸，屬軀體外層之內肩鬆沉，與左邊正相反。拳經云：「虛實宜分清楚，一處有一處虛實，處處總此一虛實（虛實即陽為虛，陰為實）。」又云：「需知陰陽相濟，方為懂勁。本是捨己從人（操琴則是捨己從琴），多誤捨近求遠。收攝心神，求自身心安理得。」王家四弟世良操琴時原架腿左腳脖耷拉著，循此理略抬腳掌指，結果琴聲較前更抱團，概形氣勁意抱團之故。

動，試問能否扔得出去。運弓直如扔弓，弓先走，但弓未見動，聲要先出，聲還在弓動之前。這要求兩手都應綿韌，適度使勁，心氣手勢很像兩手都輕握著一隻蛐蛐，左手指輕探靠近先著弦，似按非按，拉來才能發聲寬亮、犀利、明快。如果右手用力過了，就會使音變窄變鈍遲慢，或乾脆把音拉破了。

弓子一「啟動」，就盡量讓弓子自己走，手指扶著弓連帶下臂以至全身都跟著弓走。腕指對發聲起適當阻尼，音中鼓挺，音尾助餘音及幫掉頭。總之，不需造作，只因勢隨順運弓。

董師又講：「伸手不得過鼻尖，如違此，力卸矣。」對拉琴兩手都不得過鼻尖，宜將胡琴弓子觸弦處，約置於鼻尖、肚臍方位。因為琴擔是向左傾斜的，所以左手在身中線的左側，位於左側中間層（兩側中間層，自腹股溝開始，身側直上過乳頭外側，越肩挑擔處，從胛內髃內向下，繞臀下回至腹股溝），自然不會越過鼻尖。右手弓子的走向是右側斜向後上，不是在身前橫著走。這樣下弓時就不需要超過鼻尖而致不得力，使整個走弓路線都不超越右側中間層，則可從容自如。看來練拳老師的教導，和前輩琴師的說法是一致的，如「胳膊肘像夾把掃帚」，意思是肘盡量少動。「頭正，身直，肩不動，身不搖，頭不晃」，若頭不正，身不直，除了對拉琴聲音有妨礙，頸椎腰肌肩周也容易犯病。

初學時眼睛常看著左手指，為的是幫忙按弦到位，但若養成習慣以後就變成累贅和束縛了。試想你在幹什麼事，有人老盯著你，你能輕鬆自如嗎？對手指來說也是一

樣的道理。再說壓低腦袋，貓著腰，除了風度稍遜，還有礙聲音的通天透地（即響徹頂篷，聲震地面）。一次孫老鼓勵年輕時的王瑞芝老師說：「這樣就對了，拉胡琴不是用力的。」因為一用力就會緊張，拉來像開機器，聽的人也不會得覺輕鬆。孫老拉快板時，聽上去就像拉慢板一樣從容而富有彈性。

　　操琴坐姿，著凳的左右臀股應盡量靠攏，使上半身架坐在臀股上，中部自然升起，不挨凳子。左半身為陽，右半身為陰，右陰側外胯肘沉，內胯外肩踵起，而左陽側內肩外胯肘起，內胯外肩踵沉，兩側正相反。所以是稍微坐實在右臀股上，右內胯、左臀、右外肩較懸起，右內肩，左內胯較鬆沉。虛實者，輕重有別，並非實者完全坐實，虛者完全脫空之謂。因雙外胯陰沉陽起，故雙外肩雖陰起陽沉，從外觀看來，雙外肩仍是平的。操琴力量源泉在兩個腳底揉捻動作，而且坐著的股臀也是同樣不停地配合捻動。身體外層（內外肩胯）略右轉，而內層（頭、身內器官）略左轉（鼻臍為準），約如京劇台上的「子午相」。收緊背側肌使外肩向後，打開上部中間層；仰骻收臀，打開下部中間層。左手擺動少，故上下中間層可較窄小些，且方向朝前集中，有利發聲打遠；右手運弓擺動多，故上下的中間層更形展寬，「子午相」之功用在此。

　　身軀略後仰（這樣中線才直），前臂往前鬆，使雙肘的角度都不小於 90°（不成銳角），角度小了肌筋緊張，難以拉出自然的節奏和輕鬆明快的音色。倒換裡外弦時，不是弓桿裡外大角度平移，而是：拉裡弦時橈骨裡旋，手勢如搓澡；轉外弦時橈骨外旋，手勢如抹牆。其中無名指

不只是貼住馬尾，而且用手指前關節扣住馬尾，這樣裡外弦轉換時，弓桿移動很少，僅讓馬尾像鞦韆一樣盪向裡外。記得王瑞芝老師常說：「胡之鈞老師（清末內庭供奉笛師）講的，學胡琴，先打小鑼，再彈月琴，最後才胡琴，這樣轉腕子（橈骨）就瓷實了。」「最好還要練笛子，練手指的鬆順靈敏與輕重變化的指感。胡琴按弦是昂起指根節，手指從上斜向下，自然鋪開把位（不必勉強掰開手指），而且按的方向較正。用指前節中部肉最厚處（指肚），正對著擔子按下，不可歪斜，這樣聲才進筒，音也厚實。」「胡琴不像小提琴有指扳，可以單指按弦。而需要上邊手指幫忙按住弦，聲音才實。」還說：「拉胡琴是轉腕子，不是磕頭腕子。」「拉弓要有速度，音要起來，要鋪開。」「拉弓輕而快，戳弓稍重而慢；勁在拉弓裡，味在戳弓裡。」即拉弓是先快後稍慢，如火之焰上，為虛；戳弓是先慢後稍快，如泉之流下，為實，虛實結合，乃出自然的節奏韻律。再有，碰到一組四個音的，就是按照「重、輕、次重、次輕」，是一波三折，不是平均地轉機器齒輪。「唱戲有字頭、字身、字尾，胡琴發音也有音頭、音身、音尾，要出橄欖音」……以上列舉的多是現今習者易忽略之處。拉雜寫來，難免不合潮流，掛一漏萬，姑妄言之，姑妄聽之可耳。

2005 年 9 月 17 日

京胡運弓力量源頭在哪裡

　　運弓的力量源頭，有說在腕子，有說在臂、在腰。從表象看，確實如此。仔細揣摩，應究其原因，探明源頭，以便更全面地瞭解怎樣較合理地拉琴。粗想起來，似乎上弓的源頭在腳底；掉頭和抖弓的源頭是手、臂的彈力；下弓的源頭是掉頭的餘力加上地心引力；下弓後段加速落音（收音）的源頭是全體的抿勁。

　　王瑞芝先生說：「勁頭在拉弓裡，味在戳弓裡。」「音要起來（有精神），音要鋪開（音頭沒有疙瘩）。」一鳴兄說：「拉弓輕才能快，下弓緩才會重。」說明上下弓的勁意拉法是不一樣的。蓋源於節奏抑揚頓挫（實虛重輕）的要求，前半拍「實」，著重時間節拍的準確，所以多用緩下弓（不宜杵碓）；後半拍「虛」，有較大表現空間（例如可以甩腔），多用快上弓相應。

　　余叔岩先生常說：「唱，尺寸第一位，氣口第二，勁頭第三（對應『天時、地利、人和』或『心法、身法、事法』的常理）。」試以二黃原板過門「5、6、1」三個音為例，第一個「5」音靠右腳底發力（身上其他任何部位都不宜先動或同時動，雖都看見腕、指、臂是動的，那是在發音之後的隨動，不宜先動）。將腕上寸半（手少陽）「外關」處斜上拋起，帶動弓子，使弓速極快（出「勁頭」）。所以這個音占了拉弓行程的大半，剩下小半行程的前半出「6」音，後半用作掉頭下弓前的蓄勢反盪（出「氣口」）。第三個「1」音是下弓，準時掉頭發音（出「尺寸」），借掉頭

餘力和地心引力緩緩下落，半拍約占下弓行程的少半，而後續行程的前半，用作掉頭上弓前的蓄勢反盪（出「氣口」）。

由此可以看出，上弓是先快後緩，下弓是先緩後稍快。上下弓接近結束都需要收盡前勢（把餘力收向身內），蓄起後勢，也就是要有弓子的「氣口」，方顯得從容大度。這樣運弓，一合乎節拍要求，前半拍重穩，後半拍輕揚；二可出一波三折的變化節奏（一般稱作「彈性」「活潑」或「流暢」），即按「重—輕—次重—次輕」的規律，4 個音一拍。當在弓的下半部分拉小弓時，也是上弓輕快（後緩），下弓重緩（後稍快），才能氣勢聯貫。這些都體現了京胡運弓的「尺寸、氣口和勁頭」。

蓮寶師兄曾三次問老師：「拳，怎樣才算練好了？」師三次回答不全一樣：第一次答，「太極者，用力均也」；第二次答，「鬆而有力」；第三次答，「身上各處都合理」。這表明太極拳是一種研究認識身心運動合理性的學問，也是一門藝術。

拉琴是一種全身心投入的藝術活動，天然地和京劇演唱大師以及太極前輩的經驗之論相通。拳的心法有「平常，無為」；「不追，不執（契合時間尺寸，『一到就走』，莫貪戀好時光），不求」。拳的身法有「天柱中直（背肌帶三分緊縮勁，軟肋舒張，正頭，微仰盆骼，仰脯，後收天突，前砥命門）」；「全身端正架子，護住中線和腰，圈住一腳（拉琴則是右腳，右腳在身中線下面，頭在右腳上），單腳幹活」；「腰豎直到放鬆了，就有了腰（能起調度、傳遞作用），身上哪部分感到沒有了（鬆

了，看不見了），就有了哪部分（能起高效的傳遞作用）」。「鬆是暢通無阻，且有彈性，不是鬆懈」；「全身左右抿住，上下從背後相抿」；「大凡身肢運動，豎向（內動）是源（原因），橫向（外動）是流（結果）」（一般容易看到外面的結果動作，注意不到內裡的原因動作，故常致「捨本逐末」）；「手前伸不可過足尖，橫移不可過鼻尖（中線），上舉不過眉，下壓不過膝，否則力卸矣」。

這些都對拉琴有直接的作用。例如，拉弓時，腳底直接拋起「外關」，帶起弓子，全身沒有任何阻滯，於是速度可以最快。倘若，此時全身其一部分同時有動作，馬上就會卸勁，弓速將大打折扣。拉弓很像撇小石頭子。對於唱也要求「用氣、用意，不是用力（余先生語）」，講究「氣貼於背（拳經）」，所以吸氣和甩腔時，肩和胸腹都宜看不出動來，這樣會有更充分的餘裕。

王瑞芝先生曾說：「胡子鈞（內廷供奉）先生教的，拉琴先練小鑼，再練月琴，這樣轉腕子（轉橈骨）瓷實了，再學京胡，換裡外弦就輕巧了。當然再練笛子就更好，指肚可以練出細的感覺，對摁弦有幫助。」又說：「左手指自然排齊斜下摁弦，方向直對琴擔（或手心），音才正。」

據此常和友人討論：「弓子換裡外弦不宜裡外大角度平移，而是外弦時橈骨裡轉（拇指帶力，如抹牆），裡弦時橈骨外翻（名指、小指帶力，如搓澡）。這樣弓毛像鞦韆一樣裡外盪動，達到換弦目的，而弓桿可以動得較少。」又論及摁弦：「把位不是用力掰開手指，而

是像吹笛一樣，手指自然平行斜向下形成把位（對有些手指方向較平的摁弦方式，往往裡弦第三指音綿）。」

「宜用指肚中心摁弦，琴絃斜向經過指肚中心（羅圈或簸箕紋中心）。可以試用左手拇指甲頂掐食指肚，當掐在中心位置時，小腹是鬆安的；假如掐的位置靠前（像有的摁弦情況），則是不合適的。用指肚中心摁弦較易保持對直摁向琴擔，其出音可兼有『實、鬆、寬、亮』的音感。」

從拉琴的上弓發音要求最大的速度，弓子掉頭要求從容大度富有彈性，收音要求全身協調抿合等來看，似乎值得研究改善拉琴身姿的合理性。這些和練拳所要求達到的目標（均勻、鬆力、合理）幾乎是一致的。有位朋友由於拉琴注意身姿，一年來身上的長年積疾竟無形消解。看來拉琴的身姿與發音有關聯，拉琴除了藝術會有進展，是否還會產生祛病健身的效果，容後待察。

2004 年 7 月 23 日

王瑞芝先生授京胡練習概要

■ 知　琴

　　京胡音質主要取決於：琴擔、配筒、製作、選弓、選馬、蛇皮。

　　紫竹琴擔的材質以老嫩適中、內鬆韌皮堅亮為好；上起，上軸節、下軸節、手節、音節還有底節共五個節段，其中音節與手節長度比例，最好接近自然律音階 1.125 倍（琴共鳴最好，若有偏差，則音節寧長勿短），手節外徑 19.5～20mm 者為上佳；擔子總長（含頂，不算外堵頭）除特殊要求外，按調門從高到低，可在 470～550mm（木尺一尺五寸至一尺七寸五）範圍內選取。

　　琴筒材質以堅靈鬆老為好；配合擔子長度，後口內徑相應在 42～48mm 為宜；手托琴筒，用擔子風口側面輕敲，出音明快、鼓迸、寬厚、抱團而無雜音者為佳配，筒子配得合適，可以部分彌補擔子比例尺寸不夠理想的不足。

　　製作應工藝細緻，尺寸規範；軸出頭約 38mm；軸子與軸眼配合嚴密，不可鬆晃，否則音不穩定，且前軸孔略緊，後軸孔較鬆，才耐久好用；擔筒安裝的軟硬口，當千斤約置於底骨節與上軸取中，未裝馬時，琴絃經過筒下沿的墊皮，擰緊後，剛挨著或剛不挨著筒上沿為軟硬口合適，如果靠緊扛起多了，口硬，音艮，反過來離開多了，口軟，音虛飄。

　　弓子隨琴而選，一般換了筒或其他大修，也需換弓子，要求裡外弦出音爽快飽滿，手感不贅不飄，輕能吃住弦，重而不壓音。

　　選馬要以各音均豐滿圓鼓，裡外弦音量平衡為佳。

　　蛇皮緊了調高，音窄，鬆了調低，音矓，宜據常用調門鬆緊適當。一般購琴時，主要選擔子，手節音節比例適當，音節彈來鬆透，粗細、總長規範即可。回來再從長處理配筒、修軸、修軟硬口（調整筒前下墊皮厚度及安筒下沿前或後加墊）、選弓、選馬等調音事宜。

■ 心　情

　　對待心身、天地、琴境、社會、世界、生命宜存和愛、公平、敬畏及自省的心態；培養眾善奉行，集義所生的情趣；認同實事求是、恕人即寬己、簡約始充沛、平淡寓精彩、知陽（顯）而守陰（隱）等規律；擁有接近最佳，不求完美，避免僵持，保持寬鬆的胸懷；以階及人、琴、境三者和諧交融、舉輕若重、片刻千年、徐而緊湊、疾也從容的平易高雅境地。

■ 身　態

　　心意放到腳之下，身後外，膝自然會略偏前，腿腳變得鬆軟、通順，全身解除了意識的關照束縛，就自然回到隨緣順機、靈動活潑的本原狀態，便能夠自如高效地完成動作。表現為：從指尖、趾尖、頭頂開始，全身中間層自

然斂裹，感到肢體各處表面都紛紛脫開衣服鞋襪；身體各部分自動略偏離天平式平衡點，在陽坡側稍存偏置，以得一定區間的穩定；還有觸外和摩體都輕柔，由於身、頸、頭、肢、指、趾都有裡中外三層，中間層乃人體承卸外力的緩衝區，貫通氣脈的流通區和分隔聯結內外的紐帶區。將自然出現以下效果。

第一，全身聯貫完整，各種動作，手指及指尖像樹的枝梢，最先動且動幅最大，而驅動在腕上寸半手背橈骨縫內（手陽明外關），腕肘像樹枝幹由細變粗，依次動少，到肩胛就像樹身的大分杈，動得很少了；同理，腿腳是腳趾尖先動，驅動在股背偏內膝上二寸處（足陽明伏兔），而身軀是頭頂先動，驅動在腰（命門）處。

第二，內層和外層可分別自如盪動調整，如雙外胯一上一下，與雙內胯一下一上相反滑動；雙外肩整體與雙內肩左右相反滑動，表現為橫向內外肩此離彼合；指、趾亦隨需轉捻；外層解除了鼓努、撐頂之擾，自然鬆沉，上下順遂；各略偏陽而得整定。

第三，前挺腰椎，同時背椎、底椎內含且各略後仰，也各偏陽而整定。

第四，雙肩臂圈相對雙腿胯圈，水平反方向各略偏置而整定。其時，頭略倒向陽（攏腿）側，骶骨偏向陰（撇腿）側，令脊椎略向陽側偏置而整定。

第五，行立坐臥粘靠處皆輕而又輕，倚仗粘靠處輕輕揉碾，可使全身內外各處動作輕柔且連綿。例如坐凳著在臀後，像騎馬姿勢，加以上各部偏置於斂裹中間層，將自感能夠承受大的顛簸，騎自行車也可如此。練胡琴則左右

下肢一攏一撇，左右上肢一撇一攏，加上中間層斂裏與其他偏置，如膝偏前、仰背椎、仰底椎、頭略倒向左（陽）側，即是心輕安、體整適的身態。左右肢內攏不越過中剖面，外攏不過肩背平面，則勁意不斷。

■ 把 琴

　　右手肩與左足胯交叉相對攏抱，為陽；左手肩與右足胯交叉相應撇離，為陰。所以身形正面大致對著左膝內側。左腿腳陽，內沉外收，腳跟著地，腳掌趾虛。右腿腳陰而內收外沉，腳跟虛，腳掌趾著地。膝前展、略仰背椎、底椎，頭略倒向左（陽）側，如是體內諧和整適，有助於操琴時心中踏實與身手順遂。左手腕自然伸舒，處在最易使力位置，自可輕重如意；虎口自然張開，前臂拇指側橈骨略右下轉，拇指自然舒伸，在琴擔千斤下方壓住琴擔；食指根昂起，在千斤上方托住琴擔，琴身略向內靠，並向左傾約 20°，使運弓與琴絃相垂直。琴擔外堵頭及筒底後部擱穩於左股左上側，輕扶輕擱，各方向均勻著力，當可沉穩而不滑移。右手指執弓如握毛筆，也像拿筷子，食中指第一、二節段指肚從外向內上輕攏弓桿，而以第一節指肚為主；拇指自然舒伸，指肚從內向前下輕輕壓住弓桿；無名指第一、二節段指肚從外向內上輕扶住馬尾，也以第一節指肚為主。弓子斜上下運動，保持與琴絃相垂直；臂形如鬆鬆攬抱小孩。

　　拉裡弦，拇指側橈骨略右上轉，手形似捋髯或打大鑼；拉外弦，橈骨略左下轉，宛如擦窗或甩水袖，弓桿相

對馬尾稍微立起，換裡外弦主要靠橈骨來回轉動，弓桿在身內外擺動較少，讓馬尾像鞦韆般裡外盪動；上下弓，小臂前外關穴驅動，指尖手指先動，動幅最大，腕子留帶三分勁，掉頭時由於慣性自然形成少量腕子擺動，切忌掉頭時，形成斷折磕頭腕子，肘以轉動為主，擺動較少，肩則基本不擺動。

■ 弓　法

　　主要指樂句中每拍各音符採用上弓或下弓以及運弓之法。一般前半拍為實，稍重抑，宜用下弓，後半拍為虛，較輕揚，宜用上弓。下弓時有地心引力相助，故較慢而實；上弓如拋物，宜輕而快，較虛。虛實相濟，乃成節奏。上弓先寓下意，下弓先順上勢，乃可音完整而藕斷絲連。另有一成規，即每句起始都是上弓，每句結尾都是下弓。若樂句從後半拍開始，也無矛盾。碰到前半拍開始，則採用一拍裡面，上下上，或上上下上，或上下上上等辦法過渡。再者，每弓聲音都應有頭、中、尾三段，頭要爽脆如彈擊之聲，占時短，才能節拍準確，中要聯貫順暢，尾要加速並令馬尾離開弦，快收而有餘音。所以上弓是先快後慢，下弓是先慢後快收，也叫橄欖音。

　　從節拍來說，每弓一拍要出前後兩半個（半拍）意韻不同的聲音。首先在哼曲譜時，能夠體現出來，唱得舒順，然後就能拉得出虛實有致、韻律順暢的曲子。臂指自肩到指像樹幹由粗逐漸到細，手指如枝梢，風吹擺時，梢動幅度最大，腕、肘、肩幅度逐步變小，以至到肩看不出

明顯擺動。將手臂插在水缸裡來回擺動容易體會。

再如，游泳強調劃動開始時要抓住水，就是手指先動，速度最快，其他是隨動，不宜顛倒。對於聲音，要不妨礙它，讓它自己出來，而不需催它，這樣節拍才會準確，否則將會遲緩，因為越加意、越用力就越遲慢。

■ 指　法

左手指摁弦的部位和指形有點像提琴，各指關節較均勻彎曲，自上斜向下摁弦；用指肚中部摁弦，以保證最大面積觸弦；力量方向垂直對準擔子，是高效而省力的摁法；在弦前看來，使指前端下沿兩側的弧形與弦擔面成對稱，以保持音準的穩定。京胡與提琴不同之一是沒有指板，所以除第一指（食指）是單指摁弦外，其餘各指位，不論裡外弦，都需要上一指幫忙一起來摁，聲音才更充實，共鳴才更完整。方法是上一指先沾弦，接著連帶離弦較遠的本指一起上，出一個由低半音向高的快速過渡音以增強氣勢。沒有指板，音準難度加大，但也增加了音色表現的空間，如輕重可使音強音調變化。另當弓力加大時，手指摁弦也相應加重，音才不散。

打音是用下一指輕打，有三種典型常用的打法：在音前起引導作用或潤圓作用是輕打一下；在上弓音後做歇氣並等待下個音是輕打兩下；下弓輕打三下是用在唱腔的快撤處。與提琴不同之二是揉弦，提琴用較固定的抖腕快揉，以配合美聲唱法的胸膈膜共鳴的顫音，而胡琴則多是轉橈骨慢揉配合相同於節拍的二分／四分的慢起伏撤音，

而且常是配合低墊音、高墊音或慢滑音進行的。例如從托腔轉過門以及過門中的長上弓，手指先向上摁出並亮夠低半個音階後，再迅速向下餟抹回到本音。敞弦抹音多是從虛摁高一個音階開始，抹到千斤以上。

指法的要領之一是指尖領動，其他跟隨，這樣可以精細連綿。在滑音中採用指尖先行的餟抹指法來保證足夠的力度和速度，其時橈骨跟隨指尖旋轉，最為明顯。

▌結　語

白居易《琵琶行》「低眉信手續續彈，說盡心中無限事」，杜甫《觀公孫大娘弟子舞劍器行》「昔有佳人公孫氏，一舞劍器動四方，觀者如山色沮喪，天地為之久低昂」，李白《聽蜀僧浚彈琴》「為我一揮手，如聽萬壑鬆，客心洗流水，余響入霜鐘」，都敘述了心，身、藝、境的關係。古語有云：「古之學者為己，今之學者為人。」譚鑫培先生有一次演出唱完一段，台下熱烈叫好，可他向台下一擺手說：「不好，重來。」示意場面重起，又唱了一遍。余叔岩先生常說：「學唱，尺寸最重要，氣口第二，勁頭第三。」看來節奏韻律屬哲學，是心身、天地、社會，乃至世界和諧共進的學問；而氣口屬科學，是降低消耗，提高效能；至於勁頭運用屬技術，是勤練生巧。京胡習者宜亦循此，即同樣需要不斷提升文化素養，鍛鍊身體，以期有所超越，願與有志者共勉之。

2006 年 12 月 5 日

從樂鈞老師學習京胡

　　我的老師樂鈞教授是我國無線電技術、電視及電聲技術方面的傑出專家。他除了專業方面的高超造詣及傑出貢獻外，還有三大業餘技藝——家傳的太極拳、京胡演奏、京胡製作研究。老師做學問的方法十分科學，明理和實證同時並舉，互促精進。他的態度十分積極，鍥而不捨，真正做到了活到老研究到老。而他的教育方法是在把握大原則的前提下，把理和法都分析明白，講解清楚，反覆演示，對學生因材施教，鼓勵為主。

　　老師自幼跟從父親樂幻智太老師學拳。太老師的拳學自楊式太極拳宗師楊澄甫的弟子董英傑先生，學成之後又皈三寶，從王理平夫人修證密宗佛法。

　　他的拳術與佛法雙雙精進，相得益彰，時人稱其拳為「菩提拳」。老師所習即此拳法也。他數十年來從未以自己高超的拳術而滿足，反而不間斷地研究太老師的拳術，觸類旁通，結合人體生理及醫學，提出了「腳泵」的理論（即科學的走路方法可使腳像心臟一樣把血液泵出，促進循環）。他把太極拳的內功和操琴結合，指出操琴實際上和打拳是一致的，是個全身協調的運動，其勁發於腳，主宰於腰，運於臂、腕和指。

　　太老師當年見楊澄甫宗師時，楊宗師指著手腕上一寸半處說：「我們的腕（打拳時）在這裡。」老師把拳和琴結合後告訴我們，操琴的腕也在「這裡」。他在製、修京胡時，對材料性質及互相匹配的判斷也運用了太極的內

功，類似於太極的「聽勁」，特別靈敏準確。老師以拳為根本，一輩子也未放鬆練拳，並不斷在總結。2007 年 5 月，我在上海，一天老師打來長途，告訴我他在拳

樂匋（左）與林瑞平（右）

上有新的領悟，以前感覺的陰陽有一些好像要反過來。我 6 月返京後，老師的少公子樂正也告訴我，那段時間老師特別高興，因為他突破了自我。

　　2007 年 10 月 2 日，老師病危，在重症監護病房中昏迷，我們都只能在病房外而不能進入，當時老師的學拳弟子陳永長和馬若愚由過道的窗戶看到老師躺在床上，手腳在動，全是打拳的動作，第二天他就去世了。這種練拳的過程真可謂是不折不扣的「一輩子」。

　　老師於 1940 年前後，在初中讀書時開始自學拉京胡。由於太老師很推崇孫佐臣和王瑞芝兩位先生的琴藝，而 1945 年至 1946 年間，王先生又正好在太老師家學拳，因此在 1947 年秋老師正式向王先生學琴。王先生 1949 年去香港，1955 年返滬，1956 年回北京參加北京京劇團為譚富英伴奏。老師於 1957 年調北京工作，直到 1976 年王先生去世，一直伴隨王先生左右。老師師從王先生學琴，而王先生師從太老師學拳，在拳方面老師對王先生也有幫助，所以二人亦師亦友，30 年來關係密切，無有間隔，

樂㈤、劉曾復兩位教授與學琴的弟子們合影
左起：林瑞平、王玉民、王文芳、樂㈤、劉曾復、楊甲戌

故此老師能得王先生琴藝之真髓。老師向王先生學琴從臨
摹入手，他與王先生接觸多，有機會跟著王先生拉，這個
過程使老師打下了堅實的基礎，在尺寸、氣口、操琴的感
覺（包括弓、指法）上，如刻模子一般留下了深深的印
象。加之老師本人的天賦，能細心體味王先生的神韻，最
後達到了神似而「可以亂真」（王夫人語）的程度。

　　1976 年，王先生去世後，老師又反覆回憶先生教琴
時說過的話以及王先生操琴的姿勢、動作，進一步在
「理」上理解了王先生操琴的精神。

　　從 21 世紀初開始，老師通過寫懷念王先生的文章，
同時總結王先生的琴藝，寫了不少感悟。如：關於操琴時
的腕子問題，關於「余唱」的學習，關於王先生琴藝的總
結（曾經陳志明先生摘錄後在《中國京劇》雜誌上發表）

等，均反覆多稿後才定稿。尤其是最後回憶王先生的文章，直至去世前才完成第三稿，但未及整理。2007 年年初，有人動議整理王先生的琴藝資料並組織一些紀念文章，老師當然地成為了組織彙總人。他約上海尤繼舜及高一鳴各寫一篇文章，他自己也準備寫一篇較詳細的文章。當時他在太極拳上對自我有所突破，達到了一個新的境界，本來還有不少這方面的文章要重新整理，但他還是把紀念王先生的文章排在首位。為了內容準確，他還查了不少資料，搞得很累，最後歷時 9 個月，改至第三稿，自己認為內容基本可以了，還未及整理便去世了。

　　和練拳一樣，在操琴方面，老師也是堅持了一輩子的。老師於 1945 年高中畢業時開始自製京胡，1947 年從王先生學琴後，同時跟著王先生「鬧琴」（即發現琴有不足，隨時修理使之改進）。其間老師和李蓮寶先生共同研究，一起「鬧琴」。1957 年調回北京工作後開始與民族樂器廠的許學慈、李運智諸師傅及地質學院李振山先生共同討論研究，並把他與李振山先生發現的一些規律如頂節嫌短時，黏上一圓片可改善琴音等告知各位，經實際驗證，大家都認同了。老師與京胡製作大家許學慈先生結為至交，50 年來，感

樂匋先生製琴

情深厚，十分難得。他們兩位幾十年如一日地有個特別的聚會研究討論的方法，每兩週互相為對方理一次發，相聚之時，便研究京胡製作。經由幾十年經驗及資料的積累，特別是對許師傅經驗的總結，至 20 世紀 90 年代，老師從本職工作中退下來後，有了較充足的時間，便開始了從感性經驗向理性規律的提升工作。他首先以中西樂理及振動發聲的科學原理為指導，透過測量數十把名琴，推導出了一系列公式，如：擔子各節尺寸及相互關係、筒子尺寸、製作過程中各部位尺寸等。由於各種材料均為天然生長，他根據相生相剋的原理，研究出了用擔子敲擊筒子聽音確定零件是否匹配的規律。又從局部到整體，指出了擔子、筒子、軸、碼、弓子互相匹配的調琴順序。為了不斷驗證理論的準確性，他開創了「開大會」的實證方法，即把幾十把京胡拆開，重新匹配擔子和筒子，修整軸子，調整安筒和風口位置，重新匹配碼和弓子，以改進質量。

這種方法在他自有的琴及我們幾個學生所存共幾十把琴上都取得了極好的效果。為了廣泛驗證福建產擔子的規律，他帶領我們幾個學生，從 2004 年至 2006 年，共 30 餘批次買入 149 把不同級別的京胡，拆開研究，結果 119 把琴在各自的基礎上都達到了最好的狀態，然後他把琴分別送給了適用的人。直至他去世時，還剩 30 把琴，由於挑不出能匹配的筒子而未做完。

自 1996 年 4 月 14 日至 2007 年 3 月 13 日，老師幾易其稿寫出了關於製修京胡的理論文章，編製了各種數據表格，還在計算器上編製了京胡尺寸計算程序。在此過程中，他對一些重點琴的擔子、筒子匹配過程的試音都做了

錄音記錄，從這些錄音確實可以聽出明顯不同的效果。老師把京胡的製作從以往的全憑製作者本人的經驗提升到有數據的理論指導，實是一大貢獻。而他做出這個貢獻的過程恰恰花費了他一輩子的心血。

　　樂幻智太老師是位道德、學問、功夫、修為超絕的高人，當時上海均尊之為「樂老師」。我父母因為當時上海「四大譚票」之一許良臣先生的關係，有緣結識了樂太老師。我也從小就聽說了關於太老師的各種故事，因此從小對樂家就有一種敬仰之心。1967 年有緣從老師的師弟，高中柱先生學太極拳，但 1968 年我大學畢業去山東農村工作，就中止練拳了。1981 年回到北京工作，1992 年由王玉民師兄引見得入樂匋老師門下為拳琴大排行第九的弟子。1990 年間王玉民向老師推薦說：「有一個上海人大林很想見您。」老師說：「上海人有什麼稀奇！」後來王兄又推薦說：「大林很熱心組織我們一起向鄒功甫、屠楚才、劉曾復等老先生學戲。」老師說：「你怎麼不早說？他做得對的，讓他來吧。」我就這樣入了老師的門下。後來我把上述我和樂家的因緣告訴老師，他說：「現在你來了，這也叫回歸。」因為我長得又高又大，又姓林，大家都稱我「大林」。老師說：「蔣介石和宋美齡互稱 Darling（音近『大林』），我只叫你『小林』。」自此至 2007 年 10 月 3 日老師去世，在老師左右凡 15 年。

　　全世界的凡夫俗子都有一個共同的毛病：當因緣在面前時不去把握修持，明知不對還會有個「俗理」自我安慰。我就是這個隊伍中的一員。自從入了老師的門，自己知道這下有高人指點了，但又總強調客觀，覺得工作壓力

大，老不安心，不能踏實修持。於是長期以來每每學習一個內容，雖然也用心記住要點，保留資料，但過後總想反正老師有工夫，身體又好，今後有的是時間，等自己退休後，心中什麼也沒有了，安安靜靜，踏踏實實去練。這樣只聽不練，進步很慢。後來真的退休了，但還是覺得不安心，於是反思自己，認識到以前的錯誤，自 2006 年年初開始較認真地練琴了。2006 年 5 月至 2007 年 6 月又值上海家中有事，我在上海住了一年，回來後就較抓緊去老師處練琴。2007 年 5 月老師在拳上有自我突破，曾打長途電話到上海告訴我，提醒我相應與操琴有關身姿的陰陽等也要反過來。我 6 月返京後常去老師處，發現他那時由於調整了陰陽，操琴的狀態好極了。

那時老師還感覺到應該像王先生帶著他拉琴那樣帶著練才是打基礎的方法，並且帶著何毅小師弟練習收到了很大效果，同時老師也自責幾十年來對大師兄王玉民只是講方法而沒有帶著拉而使王進步很慢。那段時間我很認真從基礎練起，學了二黃、西皮、反二黃的開唱頭過門的拉法及一些曲牌的拉法，摸到了拉法的邊，入了一點門。同時還學了腳泵走路的方法、太極拳雲手和樂家「搖船功」的練法。然而自己還是沒有緊迫感，覺得老師身體好，想著我每次學會一點幾年下來可以學很多了。

2007 年 9 月 17 日星期一，我去老師家學了西皮、二黃小開門的拉法。老師把王先生的弓法詳細示範，我也跟著練。臨別時他在門口又教了「搖船功」要點，到樓梯口又教了走路方法，未料就在當天老師就由於著涼而身體不適。9 月 20 日晚，樂正兄發短信告訴我老師身體不適，

過一陣再聚，並讓我轉告何毅。9 月 24 日農曆八月十四，我去老師家探視，適王文芳女士也至，樂正告訴我近日老師身體已有好轉。老師兩次到客廳，我都勸他回房休息，後與樂正兄聊一會兒就告辭了。

9 月 29 日中午老師的學拳弟子馬若愚告訴我老師病重住院的消息，我急轉告何毅。趕至醫院才知老師由於著涼起病，腸胃不適，繼發前列腺炎引起排尿不暢至尿毒腎衰，9 月 28 日急診入住北醫三院幹部病房。入院後又併發肺炎，9 月 30 日晚轉至重症監護病房。腎衰症緩解而肺炎加劇。2007 年 10 月 3 日中午插管吸痰並加大氧氣給入量，下午 2 點左右心臟突然驟停，經搶救後又恢復心跳，至下午 5 點心臟停止跳動。2007 年 10 月 9 日在北京八寶山舉行遺體告別並火化。

老師去世令所有人意外。我在哀悼之餘，深深自責：自己不是老師的好學生。其實老師早就指出我只片面追求理解而不求實證的問題，曾意味深長地批評我：「你非不能也，而不為也。」每憶至此不免汗顏！老師又曾對我說：「你能來聽我講，其實我應該感謝你。」對我的殷切期望之情盡在其中，但我辜負了他的期望，每憶及此更覺潸然。今番與樂正兄及何毅一起整理老師的文稿，老師的音容笑貌歷歷在目。整理文稿的同時，我把自己「清算」了一番，反覺心中豁然。「清算」以後又總結如下，以利自己今後的努力。

第一，老師的道德人格高尚是源於他高深的修為，向他學怎樣做人是第一重要的。差距在於他不論碰到什麼事都會很自然地去做得最好，而我則常會先從自己的角度出

發。有一點進步的是隨後會想起：此事老師會怎麼做？然後選擇一個合適的做法。跟隨老師 15 年，這是我最大的收穫。

第二，老師明理和實證並重的學風，鍥而不捨、堅持到底的積極處事態度是我今後的努力方向。

第三，老師對學生誨人不倦、因材施教、鼓勵為主的慈悲態度令我感到特別親切。當年我曾提出也想學拳，他根據我的情況告訴我：「你認真學琴也能達到和練拳同樣的目的，也能修道。」他從未因為他自己學習王瑞芝先生的琴藝而要求我也這樣學，而多次對我說：「你有條件向孫佐臣的方向努力，孫老的琴已臻自然，有很高的境界。王先生的琴來自陳彥衡、孫佐臣和李佩卿，其中有很大成分孫佐臣的元素。」他教我時總是把王先生的方法告訴我，而從未要求我按王先生同樣的工尺操琴。我自知在操琴方面難有太高成就，但作為修道的一種方法我將按老師指的方向前進。

第四，老師考慮問題首先從大處著眼，隨後才是細節，這是老師的思維方法。如他論述京胡練習概要時，先從心情說起：要存和愛、公平、護養、敬畏、感恩、自省的心態；培養起眾善奉行、集義所生的情趣；認可實事求是、恕人即寬己、簡約始充沛、平淡寓精彩、知果而守因等自然順達之理；坦蕩於趨近最佳，不求完美，以免執著，保持寬鬆流動；以階及人、琴、境和諧交融，舉輕若重，片刻千年，空靈明靜，徐而流暢，疾也從容的平易高雅境地。然後才談及身法及技法。實際上這就是由操琴能修道的原因。

　　第五，具體到操琴技法要注意坐姿準確，臀部後半側坐於水平硬板凳上，不可滿坐，頭正、身直、肩不動、身不搖、頭不晃。雙腿稍偏左，雙肩後收，大臂少動，注意腕在腕關節上一寸半處。左右手腕均要立起。全身放鬆，勁意由內向外，不用拙力。勁發自腳，主宰於腰，運於臂、腕、指。以腰為軸，拉弓時右手臂與左腿開勢，下弓時，右手臂與左腿為合勢。拉裡弦時橈骨裡旋，手勢如搓澡，轉外弦時，橈骨外旋，手勢如抹牆，拉胡琴是轉腕子而不是磕頭腕子。按弦後手指放時不可離弦太遠。上弓要輕快，音要起來，戳弓要重慢。勁在上弓，味在戳弓。上下掉頭弓子不要停，弓子有可能時盡量拉滿。唱戲有字頭、字腹、字尾，胡琴發音也有音頭、音身、音尾，要出橄欖音。

　　第六，製修京胡之道。影響琴音質量的因素排序為：①擔子、筒子的材質。②擔子四節含頂與音節的比例盡量接近 3.38。③軸子與軸眼要熨帖，不可鬆動。④擔筒匹配，擔子敲筒子時音進筒，寬、圓、鬆、快。⑤安筒的軟硬口合適。⑥弓子與琴匹配。⑦碼要匹配。⑧風口、安筒尺寸合適，擔子入筒的上眼不可太緊。⑨筒長合適。⑩蛇皮質量好壞合適。⑪千斤拴法盡量少吸音。⑫琴絃粗細合適。

林瑞平

2008 年 4 月 19 日

附錄一　樂傳太極拳傳人手稿與拳照

■ 太極拳的練法與用法

樂幻智手稿

太極十三式（上頁）

月　日第　號

朱太極十三式　今在周宅練習

(1)懶扎衣 (2)單鞭 (3)提手上式 (4)白鶴亮翅 (5)摟膝拗步 (6)手揮琵琶式 (7)摟膝拗步 (8)手揮琵琶式 (9)摟膝拗步 (10)上步搬攔捶 (11)如封似閉 (12)抱虎歸山 (13)攬雀尾 (14)提手上式 (15)白鶴亮翅 (16)摟膝拗步 (17)手揮琵琶式 (18)倒攆猴 (19)斜飛式 (20)提手上式 (21)白鶴亮翅 (22)摟膝拗步 (23)手揮琵琶式 (24)海底針 (25)扇通背 (26)撇身捶 (27)卸步搬攔捶 (28)上步攬雀尾 (29)單鞭 (30)雲手 (31)單鞭 (32)高探馬 (33)左右起腳 (34)轉身蹬腳 (35)踐步栽捶 ……

月　日第　號

楊位太極十三式（今八斜五分作）

(36)翻身撇身捶 (37)卸步搬攔捶 (38)上步攬雀尾 (39)單鞭 (40)雲手 (41)單鞭 (42)下式 (43)金雞獨立 (44)倒攆猴 (45)斜飛式 (46)提手上式 (47)白鶴亮翅 (48)摟膝拗步 (49)海底針 (50)扇通背 (51)上步攬雀尾 (52)單鞭 (53)野馬分鬃 (54)玉女穿梭 (55)單鞭 (56)下式 (57)金雞獨立 (58)倒攆猴 (59)斜飛式 (60)提手上式 (61)白鶴亮翅 (62)摟膝拗步 (63)海底針 (64)扇通背 ……十字腿 指襠捶 上步七星 退步跨虎 轉腳擺蓮 彎弓射虎 上步搬攔捶 如封似閉 抱虎歸山 攬雀尾 太極還原

月　日第　號

耶正式的上步七星捶(68)退步跨虎(69)轉身
擺連(70)彎弓射虎(71)上步搬攔捶
乃封似閉(73)十字手(74)合太極

月　日第　號

練習一
楊仿太極拳之拳母宜以大鬆而頂住意加練拳
擬拳仰前寬連退後隨身運

練習二
習仿太極拳手母不急不頂跟動跟動身分

練習三
習太極拳母宜要多正確逐步動對母
日子之練習仿後母仿母一次多能急急之則

練習四
楊仿太極拳母宜靜需多實而隱怍母
寬母順鬆而空身難鬆在棉羊毛上棚
搨搖搖勇要之視兵用身乃知隙在身人體
這美有云母母母母身行手打起印身搖

練習五
動四而創母行母引連展室母母出
三角之祥鬆之印人專以其動母母橫動化
之陰母動能仿利以母母擠之則人印身
彭身仍大兵

月　日第　　號

打任太极，练习时须随着呼吸，浮起一伏落，
动初静支撑一气贯串，不久之后调顺，因、
虑三人急急匹之若身静不急之则多顺人多芳、
资尚多诗考犯强越力之，则却动一番囚

练习六

向人助动揍矢之主去六

练习七

杨师练习须住意至挈动

练习七

练习动须住意至安圣亚运考有
方斤之力好犹大时觉身之角圈者慢气

练习七

杨师练习须住意至挈动

纸

练习八

市动单练习用接者定安考将名挿向
前骛地挿部向下拓沉着诋若力骛何不
好骛逐如爬连逼之用以接力之以急角
练习不戒以韶沉为主

练习九

空之急之夭翳却师力须向了打沉以倒角

阿顺沒京挺逞邨

练习十

月　日第　　號

每一安劳须助劳动了气月运师风一起撑

练习十一

练习竹淮生气力

月　　日第　　題

用法一

用法二

用法三

用法四

月　　日第　　題

用法五

用法六

用法七

用法八

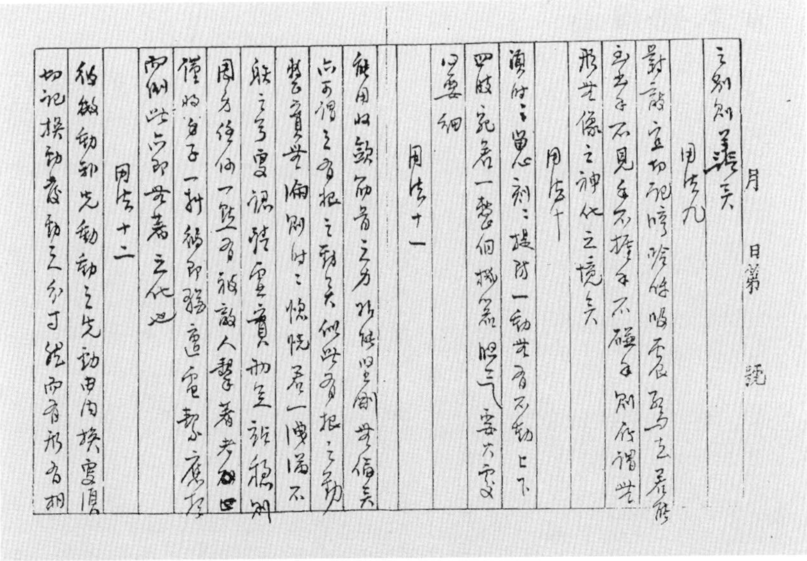

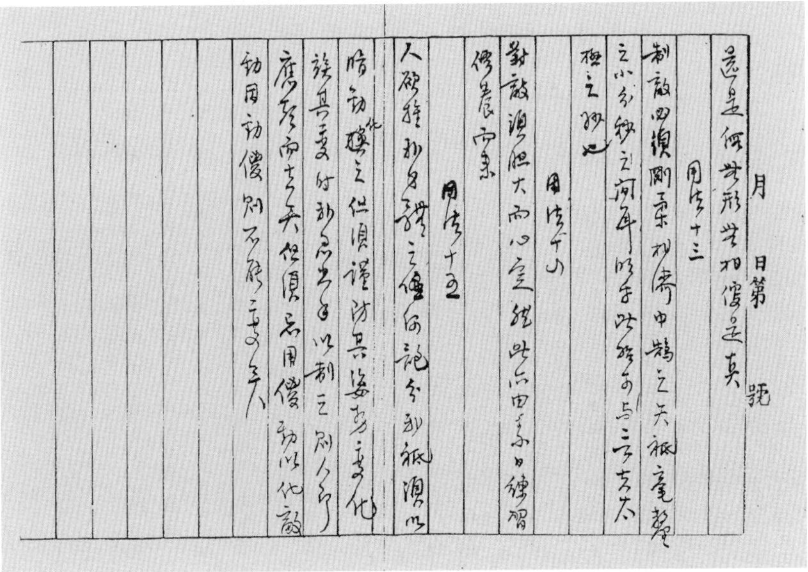

■ 太極內篇

樂亶手稿

太極內篇

一九六三年唐述

太極內篇

太極分陰陽，陰陽分五行，五行列八卦，八卦
而六十四卦，化生之大體備矣。

人之性為太極，神氣為陰陽，五行八卦為骨
肉，年固之為筋。蓋言心、意生而愈相、愈列而愈細，
性之勁為心，存其心為意，言以運神，神以運氣，
氣以運動筋肉，形之於身則為拳架焉。

考之靜止為太極，動則分陰陽，間合呼吸之畜
發，拳舒皆陰陽也。進、退、左、右、中定為五行。

掤、攦、擠、按、申定連、捌、掤、靠為八、八卦、五行
之運形於八卦，而八卦之中亦有五行之較著者，故
掤、攦、擠、按、中定為火，金、木、水、土。蔡戍掤勁
中空，其勢其上，捺勁中滿，其勢就下，摘勁秘於
腳，如春樹之暴長而披勁順於上，如熔金之流
珠，中定宅於中，其於黏之為墨，可擦而不可移
也。

人之托棄之於天之實者不全，其神氣則棄之於
陰陽五行，而有須加倍的之分焉，練拳之旨，在
於偏者使正，弱者使強而已。拘之不正者，補之可
正，尚之亦可正，練拳之道，補之為主焉。練拳
若求大其剛，則須不斷強其體，若永長生則
不在其強弱，而主常葆壽其用耳。弱者常葆，則
內勁者易充。是以發者必難保其體也。大能平
其氣而強之，其強則不充。乃能大其用而強其
生焉。

生而氣和平者有之，不平者為多。平謂太平者，
其氣寅偏於五行之一隅也。氣若有偏，則弘而

然。火者搖晃而隱土、土者運重而下沉、木喜揚而多節、金者堅強如多稜、屬水者流之蕩之善於多方而適應之也。可偏愈偏、則其角愈愈大、而其受五行之生尅云爾。所謂一動則有吉凶悔吝是也。偏於金者、則遇土而吉、遇火而尅、逢水而吝。見木則悔。此善人練拳、招式儘多、勁祇一搬而已。用功多年、惟練其角變耳。其為人推手、祇以搬為得勁、於搬者可作上風、於搁者即為所制矣。練拳其一端耳、其他方面莫不然也。

人能全其氣、即能平其氣日而能跳出五行之外矣。人身一小天地也。苟能取法天地之生成、即能迫本歸原、而能全其元氣矣。天一生水、地二生火、故男人先練水、女人先練火。練水者、即練下丹田、於骨內即為腎也。練水者、前即練精化氣、氣足則能神、神足則能變化氣、至者神則而實之、則又能神其變化也。蓋至、氣能變化、即能完全、始示可能申於神之偏執、而致頑圓其氣也。而以、惟能實其神者、方能適實變化、而確能全其氣矣。

神氣呂孛、非惟填充之足也、亦乃感通之足也。練拳手渾身迫氣、運動栽實、方謂神氣充足焉。練本則氣通順、即能通順、於是而能知人、故曰達己而達人者、方謂懂勁。神之者、非惟能知人之氣、且知能變化人之氣、神全者、非惟能變化己之神、且亦貿變化人之神、而神全者、骨肉之主也。天能節制人之神氣、即能節制其身矣。如此方謂化勁、如仁政之化人、沛然誰能禦之哉。

神氣者、水火也。得陰陽之和清、為生命之所貴。練內功者、最妙在此、諸物莫此也。火得示在此也。腎不知水、非內家拳也。水火者、坎高也、乾坤之用、天干卦之生命也。坎為升降、而呼吸間合、稱素篇之噫吸也。吸則神（上丹田）合氣（下丹田）呼則神間氣合心與身同、言為氣蓋者也。呼為間合、練拳之中心也。吸為間。其時手足去撐八面為剛、腰鬆而蓄為柔。其象如高拱三上。呼為合、其時手足者勁為為柔、腰挺為剛。其象為坎卦三。坐則、此為內合

剛柔，猶故為之內含於二十卦也。形之於拳則有變
化。施於掤則為三，於捋則為三，於擠則為
震三。於按則為坎三，於采則為艮三，於挒則為
巽三。於肘則為乾三，於靠則為坤也。整套之拳
架，即令人身剛柔表裏之變化。而能盡骨之變化
者，即能盡神氣之變化。而能盡神氣之變化，即能全
其神氣焉。

上節所謂開合，皆以中氣言。若以手足之氣言，則
互相反。即蓄為合而發為開，如是則其卦象亦相
反。手足之氣，即對外之窮，如与冊用之掤

孝時之氣，即對外之勁，如与冊用之掤，提
若之氣。吸時為蓄時吸，吸則心神向裏意氣閉，於是手
之勁收。收時其勁自腕偕掌之力而怕回，由腕
而至腰。貴時呼，呼則心神向裏意氣合，於是手
足之勁散。放時其勁自腰偕腰之力而放之出，由腰
而至手。勁收而氣向裏區，借勁而蓄力不蓄
則勁收而氣向不區，借勢蓄勁如不頂，可知不貪不
抗者，非機巧之事。而乃小對渠成之事也。若人

云，動之剛柔，陰陽相濟，即此之謂手。
對敵之理，筆於推手。推手之變化，本人以相生為原
則，掤火生捋中定土生擠金，擠金生按水，
按水生掤木。捋木生中定土，中定土生擠金，
即掤捋擠，對敵則以相生為原則，
即掤捋擠，按毋仍主理也。中土能給四方，於掤捋擠按四方
有
變化，所以相錯一式而連續相捋者，五行有，子
掤毋仍主理也。中土能給四方，於掤捋擠按四方
會中定之勁。

推手初分五行，推到細時，便分八卦，非能強分之
也。其以五行相生，自然便能到出八卦也。以上所
也。乃是定步推手。人皆知活步推手中有采挒

掤
捋　擠
按

推手初分五行，推到細時，便分八卦，非能強分之
指，乃是定步推手。人皆知活步推手中有采挒

肘靠以不知乎掤肘靠實已伏於守勢掤手之中也。頃
於後當可知之。

承　實琦拟其　髙掤
故按　时乾　流坤　掤掤　金掤

令以乾剛生於坎，水依山而生木，木以風而生火，
土以至陰生金，此五行相生之理也。或問令如何生
水，此即嬖冷之質，可以凝結水汽之謂也。故謂掤
掤按而四正，采掤肘靠為四隅。四隅者，即坎之
相之間。非別有四隅也。得四正、即得四隅、離四
隅，亦無所成四正也。練拳貴於變化，能變化即能生
生不已。廣言之方矣。氣質偏狹者當拘一隅不
思變化，自少人剛柔。

練拳終上下三段之剛柔，即可登行八卦，上下
六段之剛柔，即可登六十四卦，上下參数路之剛柔，
即可名言矣。事氣勁柔，而結於其變，
以四极柔於四陰，鬆警以剛也。可知古极拳招式雖多，
而不出於巧。鬆住時氣之神閒，秀閒時手忙腳亂。

不外八卦之變，勁路愈繁，而五五行之外也。學以
練拳愈柔而形愈煩，方能通其變，掤出五行之外，方能
神其此也。

所謂整勁者神氣用勁相合相成之謂也。而非借
地來回一順用勁之謂也。一順勁者，以敵人言，整勁固難
打，散而亦不易打，唯一順勁為好打也。骨肉不
順者，不能看之如箭，氣不順者，不易擒其氣，
神不順者，難以變化其神馬。故欲制敵者，必先
有以致敵於一順勁之地。此戊戌可制之矣。
高其調門，隨敵於吾頂之地。此貴難明，吾以隨
若的調行若依，不足其頂，吾加以挺，重加挺調，零動挽撤，
其意，則須秀引撥，重加挺調，零動挽撤，
格使就範，此戊我之珠之皆可矣。吾看勁散身亂，
胸不可調者，終帚而出吾頂之途，勁上制之矣臻
不可也。此則續隨自得，多方雖求，常有能於力。
而不足於巧，鬆住時氣之神閒，秀閒時手忙腳亂。

此言心非徒養不明，使人不獨養身，抑謂不得於眼，句求於身，不待於躬心，句求於眼，心明則眼亮，既知身主也。令之一眼，有如一詞，如有其規，別其規律大矣，知之規，迴程之律，是功夫氣深，別其規律大珠，理夫敢為新方求可明矣。人一動，視其肩，隨其起有，合其容節，若別有之和人人養之律乙，於是可以盡其區，藏其道，萬事一失矣。

神毛若秀谷无矣，若則一時以綜之，十時以理主，而敢發其元實和矣，不如雖手載，如於深着矣，如有以養神脈氣之道，其道兑也，諸書以明規，淡伯以宇乙而已，乳玉日明照別石攬，无之別无憂，於是於不養石懷之地，別何患神气之不合也。

神气者主，小大也，在同以調修之，主妄也，火之生生，故須有土矣，小大相加別相越，不知別相越，所之以結，大養脈水，測言而涓之，小若脈火，用

（下欄）

言以冠之，如此方於心宇氣和相揚而遠也也。言主主境境界之謂也，陶作於么養之中，涵養手心胸之間，及其痛，而運，首矣於有之沉鬱，揚之而進，奔如蓄日之間朝，潤于代讚詞之辛乃，討達會影戒之迴程，飄忽主逸少，諸讖九生者，論諸明合道，亦以簡歌寫道，使古人以比自然，若高明合道，亦以簡歌寫道，使古人以比自然，精緻石阶高涓主也。

刊，人有言於揽巧去，亦以簡歌寫道也。

類当神玄氣主有耳於偏能也，三去主和。

調，神家明而心機盒重，氣家去而。

神家明而心機之，必致耗神傷氣，每一失二，痛，減大加新，俗致耗神傷氣，每一失二，載起載躍，靡家禁迴尊，絶去予戒
也。

■ 太極外篇

樂奐手稿

意。故有口訣曰：

「掤要撑，攦要輕，擠要橫，按要攻，采要實，挒

要驚，肘要坤，靠莫崩。」

八訣加中定為九式。每言之意盡於九、九、八十一，

如者有八十一式。以勢步體，別用之意已立其中矣。

渾此何以能分，其情懷有先後，皆有淺深。體用原乃兩

緒，意在練體，而故勢中一氣，情於主在練用。故

而故之趨變化也。攦言之，練拳須求實中，如石

宜意隨式言，而係打格求變化，故立可常於意氣

也。

希將壽架按手修身修分類如下。手作之分劈，

係撑入式主本之動。亦謹其智變化如也。存乎一

刻於捨款率，未如就是持動，而為攦之言勢也。

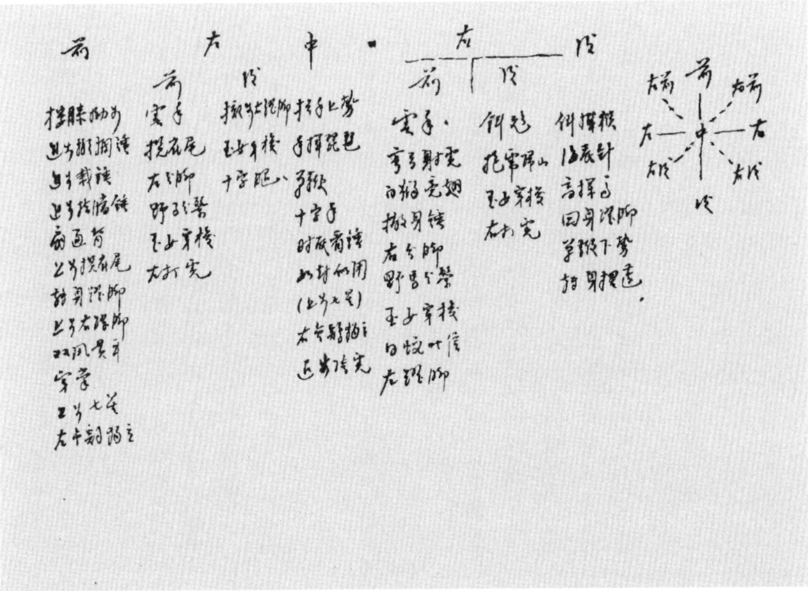

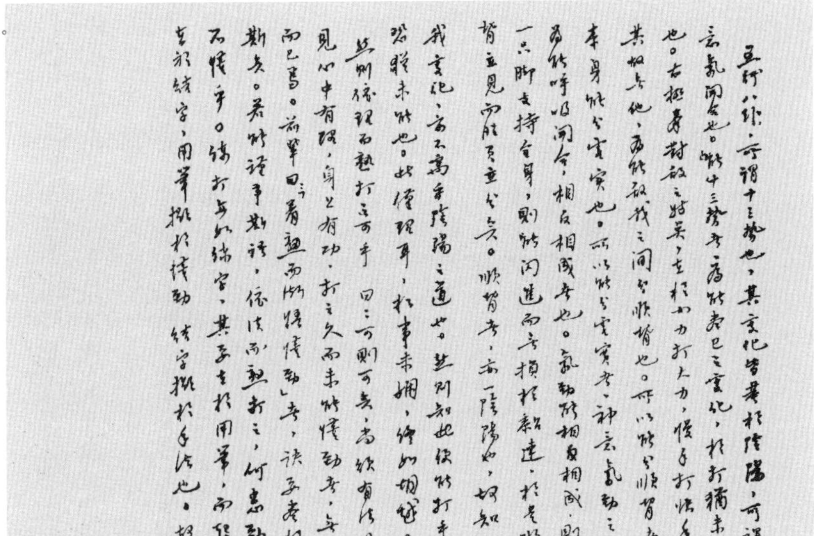

以通書畫，未嘗志學，可於藝獻之門，印證
為修之功，甚非迂言歟。

推手之功者，蓋修之性也。臨之久熟，自然生巧。凡
手代者，大振，敷子，以意其他手法，亦非悅也。皆
須視真臨之，不可亂打，會臨帖不求用筆，則著
緣未知未重也。或問之練拳有臨帖也，何乃同。
回：練拳若執筆書空，著紙古未知也，好練功打，
以明威覺，以神自應焉。

太極劍有九八六式，甲乙為四十式，其用作以訣如
下：

「太極拳作好妄靜，撊搓捥接衷尾生，斜走平
鹹胸胎長，回身指手把著封，海底撈月亮趨笑，
挑打敬助石當博，擺膝拗步鈈中找，走撑兒芭掌
化按，照身挑退搭附上，扑中台打亥蘇雄，退步攔
掤助不俯，以剑似闷護左右，十字手代掌石麥，
雲裡山茉挑成，肘底看鈺護中平，退則三把鈈揚

……

脈，渾身運身挑挑，斜龍看以用左掌，海底
針粟躲身記，病通背上挑著功，撊身轉托閑似
式，横身高進著似成，腰叩台有閑手，左右會脚手孟封，
斟身跟卿脵上右，進步掛鈈如面沖，台身向
捘比信岁，乘住鈈子取雙顤，右腿卿之鈈助
揚，左右撥身伏寇挽上，扑發破以腦肋下用，雙
風貫耳看似泉，左路卿揚大腿式，回身跟卿脵背啥。

卿馬分蹙約腕下，五左手接鈈角封，搥化彎習托
手之，左右同忾一般同，單張下式喸鎐，台鍋鍆
之以風，撑膝上扩技合實，下俯二生不當博，
十字脵以軟背封，拷胳鎌下亥石喸，上岁七手
樂子式，退岁垮元闷立中，斟身撑運扑呢退。
等岁斟寇挑打胸，如封似閉開胸盼空，太撊
台岁對寇挑打胸。如封似閉開朧啟盼空，大撊
台民式完成，合神以用意而止，作於氣固神
毛瞵。」

推手易學而難精，以其圈子小也。擒拿難學
而易會，以其圈子大也。初學從推手始，會由
推手先。以推手難於由摹架中來，然又不同於
摹架者，以其路線靈活，隨手生變其他，而不
求自成套路者也。
推手、散手固為必備之技，然循途高遠細，若
無摔跤，恐直如倚壁推風耳。摔跤者何，凡摔
角、擒拿、長青掌也。長青以散手代之為可，
而摔角、擒拿則為老練必備之課。若無摔於抱握之間，
則何者於動靜之分、剛柔之不通，細何由會，況年
精微之理，必待大而可得，動靜靈通，定去頂而
無由，而端之未熟，中道不可求也。
凡學摔角、擒拿者，學其手法，而學其勁，其勁
難概，令人如重而易旋，運用自動是矣。試以
手擇琵琶、擲身捶、高探手，附底肩錘、擲式
皆擒拿勁也。而所有摹架皆可作摔角勁用也。吾知

擒拿為靜用之勁，摔角為動蓄之陰陽，而手用力
若拿不住人，一手換之，決無奈人何。唯如初始間
當動靜之際，借勁化走必重，然後卸下必易，如
是則十三勢皆為摔角勁焉。是以手法不厭其
多，而勁務求其精，所學不厭其熟，而理務求
其純。於是乃能用人之長，補己之短，揣踩於己，
一以貫之矣。嘗見彷彿者，究竟沒有，便更
當摔者，無甚集聽，此皆學者所本，盲修瞎練
者戒。
自練力以至情勁，如有以為陰陽，以力代法，
以法找勁也。至其應用，則常須以力補法之不足，
又以法補勁之不固。現若者心路性，僅有不藝，明
何見性，釋者大法羅密也。然則，法也，根也，由之而
不可離之，修之而不可執之也。
臨敵之時，心欲空，意欲活，身欲靈，氣欲斂，以
攻為主，以守即是進。得勢即攻，失勢即走，攻走之間
中寓為守。人皆知習攻，不知習守，或習守矣，未能
習走，或習走矣，而不知走即攻而攻即走也。

以上手稿均由樂匋先生保留，在生前傳印於鍾海明。

■■ 樂宣先生楊式太極拳照

拍攝於 20 世紀 70 年代，樂匋保存

■ 樂亶先生李傳太極拳照

拍攝於 20 世紀 70 年代，樂匋保存

附錄二　拳擊大師樂幻智①

■ 實學苦練　不尚空談

　　拳擊大師樂奐之，亦名幻智，生於 19 世紀末，歿於 20 世紀 60 年代之始。自其聲譽蓋世，無論從學與否，甚或無論相識與否，咸尊稱為「樂老師」而不名。

　　原籍河南固始，鄉俗尚武，故自幼於詩文之外，更習武藝。迨壯遊，偶遇高手董英傑先生，慕其技，擬盡棄少學，專心太極，董固楊門之後進弟子也，時尚無籍籍名，問師曰：「楊門弟子之已享大名者頗不乏人，汝何不從之？」師曰：「吾崇真術，不尚虛聲也。」遂拜以為師焉。董亦傾心相授。不數年，靛青媲藍矣。董下南洋，未復歸國，師則習練益精，終身不輟。後皈三寶，覃研經藏，有王理平夫人者，湛於密宗大法，又執弟子禮事之。以是，世多謂其揉瑜伽於拳術，師則力辟此說，屢謂人曰：「吾拳純承師授，未敢自摻新奇。」

　　其授徒也，厥唯太極拳耳。諄諄於腰腿手眼，孜孜於實學苦練。厭浮談空論。座有舉坊間拳書之套語相詢者，師但告以「功夫靠練，不靠嘴上研究」。

　　亦教搏鬥，則講求真拳腳，鄙棄假動作。指點門徒，

---

① 本文撰稿於 20 世紀 80 年代中後期，90 年代發表於海外《中外雜誌》，期數不詳，有刪節。作者王亦令，樂幻智學生，後從樂亶習拳，現居美國。

實拳相向,以太極拳應付摔角及西洋拳等各種技擊。然不廢推手,常囑門徒對練推手,叮嚀云:「一面五百下,專心找勁,且練腰腿,切勿拉拉扯扯,你偷我襲,徒亂精神,徒費光陰耳。」

間亦親與徒對試,任徒隨意以中西各式拳法快擊猛攻,師則一以太極勁化解,輕鬆便巧。來勁愈速愈猛者,反跌愈迅猛,甚至尚未近身,即已顛仆,被擊者往往如球彈壁,甚或拋至室頂,再翻滾至地。此皆予所屢見,亦嘗親試者。

■ 認真搏擊　恩同再造

予曾目睹師栽倒一次。門徒有名董某者,少林功夫原極高強,擅拳擊及擒拿,新中國成立前已在江湖薄有名聲,後從師改習太極,師最喜召其對手,蓋其招式多,徒眾觀戰獲益亦多也。此次,唯見董某一衝而上,抱腰、勾腿、扳手,不一而足,師則連連化解,連聲「再來」,一招接一招,一式接一式,旁觀有福,眼花繚亂,驚聞董某「啊呀」一聲倒地,而同時則見師亦仰身如元寶墜其側。徒眾未及驚愕,師已一躍而起,仍滿面笑容,但稱:「這次老師輸了,這次老師輸了。」董某躺地少頃,勉力掙扎而起,無語含淚向師深深鞠躬:「謝謝老師。」師若無其事,擺手示退。及退,董某私謂予曰:「老師道德真高。這最後一招,我扣鎖過緊,猛覺反應厲害,要脫身根本不可能,心中剛想今番不死必傷了,不料老師竟寧願自己摔地以免使我受傷,真是恩同再造。」

世人相傳樂有「空勁」，所謂「隔牆打人」云云，師甚惡其言。門徒中頗有以學「空勁」為志者，師屢誡云：「吾最惡空勁二字。在吾家鄉，此二字大含貶意，為滑頭、空頭、虛浮、花招之同義語也。練拳即專心找勁耳，何空勁之有？」

■ 執教之外　別無行業

予聞諸友，抗日戰爭時期，數名倭兵在上海南京路欺凌一華婦，橫舉嫗軀，拋置於地以為戲（俗稱「攞三合土」）。有路見不平者，即以空勁傷倭，救出老嫗，飄然逸去，南京路當即戒嚴，搜索良久，未有所獲。十數年後，人言猶讚歎不已，皆謂師之所為也。予嘗以此道路之言，面詢於師，師堅諱其事，曰：「此愛國壯舉也，誠吾所為則無上光榮，其奈非吾所為，何敢冒掠虛美。」

師弱冠即離鄉井，初就讀於廈門，遊跡遍東南。後執教滬上，乃定居焉。任職震旦中學及大學最久，故其拳徒中大半皆震旦校友。

畢生除執教外，別無行業，未入商界，亦不從政。但交遊甚廣，於武界前輩，執禮甚恭，於年長如佟忠義、王子平者，悉尊為「大哥」。武界外，江湖人士亦有過從。抗戰軍興，家室寄內地，隻身在滬，教薪清寒，洪幫名人徐朗西延居其府，師承其情，稱「朗老」而不名，交誼甚厚，終不入幫會也。戴季陶慕名相見，戴氏下拜，師即同拜如儀，示不受其禮也，相與談「易」，戴氏折服，師終不因此而攀援仕途也。

■ 辦校不成　練拳修佛

比拳名大播後，棉紗大王榮氏聘教子弟，欲大酬之，乾股份潤之事，師一概謝辭，時逢抗戰之後，百廢待興，師說其與學，遂斥資，於太湖之濱，創建「江南大學」，並委師為校長，師謝校長之銜，擔任創建之責，遍查英倫、巴黎以及長青藤諸校規章，一心擬於此山明水秀之地，辦成寰宇第一流之現代學府，惜乎始則人事掣肘，繼則國家日非，不數年校亦不存焉，未竟其志，終身引為憾事。

自此脫離學界，家居授拳。先有榮氏、吳氏、黃氏等巨商以及程硯秋、童芷苓等名伶，相與從學，各奉束修頗豐，故衣食無虞匱乏。迨與圖變色，巨商、名伶有離國者，有身歿者，但仍有一二位叨「統戰」之光，屬特高收入之列，每週各請師到府授藝，月奉於師者數十倍於當時之平常工資，登門受教者，亦不下百人。

師悉意練拳修佛，不尚浮華。養鳥為日常唯一消遣。暇則閱讀典籍，不喜閒書。喜臨池，最愛右軍蘭亭。偶有客邀觀劇，則非第一流京劇、崑曲不往，對海派戲輒敬謝不敏焉。

住上海茂名南路三樓洋房，屬當地高級住宅，極寬敞。但全房無長沙發、大茶几，樓上居室除大床、箱櫃、飯桌等家具外，別無裝飾之物。樓下客廳為水泥地，廳徒四壁，環牆數十木椅，屋隅一張八仙桌。拳期，師坐桌側，清茶一杯，徒眾環壁而坐。桌之另側有躺椅一張，蓋供來此求師醫病者之憩息。室內可容二人練拳。師則且觀

門徒演習，且為人治病，且與客言談，偶喝一聲：「某某，前腳跨大半步」或「某某，右手高些」或「某挺腰」「某把頭抬高」云云。其後求治病者日伙。蓋師之為人治病，不取分文，純出度世濟人之心也。而世不知其純以己身功夫解人之痛苦，徒見其手到病除，不針不藥，以為便易，遂爭相輾轉引介，浸且喧賓奪主，病人超過練拳人數，則環壁木椅皆供病人坐，門徒只能於室外寧侯矣。

師之解人病苦，如響斯應。吾子在襁褓時忽發疝氣，愈哭愈厲，醫擬急診開刀，予抱之夤夜叩師，師舉手至吾兒腹，尚未觸及，兒不啼矣，視之，疝氣頓消。此兒現亦在美，而吾師則早離人寰矣，思之黯然。

又，陸小曼女士戒鴉片後，百病叢生，尤苦肺氣腫，一咳即不能止，汗濕重衾，必賴「柯達因」（麻醉劑）而後安，而其時「柯達因」少不可得，難若登天，故唯求師急救，每至，咳聲慘厲，奄奄一息，師置手陸氏背脊，對客談笑如常，又稍頃，陸氏神色霽矣，更稍頃，陸亦參與議論風生矣。此屢試不爽者也。此情此景，予見之已多，至今如在眼前。

■ 拳藝人品　眾多折服

以陸女士閱歷之富，對各色人物之良莠心態，皆洞若觀燭，嘗謂予曰：「最佩服者為樂老師，非僅佩服其拳藝也，尤佩服其人品。世人有專做壞事者，固不必論矣。亦有從不做壞事者，可貴則有之，難能則未必，蓋或因無力做壞事，或因無緣做壞事耳。而樂老師不然。以其絕頂之

聰明智慧，可做任何壞事，何況以其交遊之廣，又有無數機會做壞事。但是與黑白兩道、官商各界周旋自若，而絕不絲毫涉足於壞事，實令人五體投地。」此則陸氏與予言之不止一次也。

師依授拳為生，全真養素，保其本色。即以衣師而言，夏衫冬袍，從不穿毛裝，此在十億人之中似僅一人而已。又其對人之稱謂，除弟子以名相呼外，其於賓客，不分貴賤，概稱某先生、某太太，此固有「義熙舊人」之深意在焉。

師於徒眾，誠屬有教無類。有資本家、有工人、有教員、有學生、有老、有少、有男、有女、有刑滿釋放分子，師皆視同一體，等量齊觀。

習拳者，一入大門，向師鞠躬，先至小室更衣，一律改穿中式短衫及中式長褲，然後鵠候環伺，輪流演練。斯時也，斯地也，無分軒輊，悉歸平等。長幼有序，師一入座，弟子捧上香茗。夏日，師觀徒練拳及為人治病之時，侍立諸生，輪流執扇為師拂暑。

■ 知命知節　不事狂狷

師雖有操有守，而知命知節，非一味狂狷者流。其所以能不降志辱身者，端在其慎於危牆之戒，不抒逆鱗也。口不言人之非，更不非議國事，僅談太極，不當眾傳教，或有請示佛法者，師唯答曰：「自讀佛經可也。」

誠如孔聖之惡紫亂朱，惡鄭聲之亂雅樂，師亦深惡巫之亂佛，每有徒眾言及某處某人如何神通，師必諄諄告之

曰：「先要明理，不要迷信三姑六婆。」又曰：「佛教是
真科學，不是迷信。」曾有某友謂師：「我遇一異人，法
力無邊，有天耳天眼，告訴我昨夜我在床上與內人耳語之
言，一絲不差。」師曰：「我若是你，當即給他一巴掌，
人家夫妻私房話要他聽什麼？」復云：「佛家確是有神
通，但豈有真菩薩管人家床弟之私？與其把邪魔外道當作
佛，莫如不信佛。」

　　師尤惡江湖花招之亂拳術。滬上公園內不乏以太極拳
為號召者，矯揉造作，故弄玄虛，惑人耳目，跡近招搖撞
騙，師甚鄙之，稱之為「公園太極」。久而久之，徒眾引
申用於別事，談及世間任何徒具形式而無內涵之贋品或野
狐禪，往往借用「公園」二字形容之，如「公園梅蘭芳」
「公園十全大補膏」之類。

■ 一身有盡　眾需無窮

　　師於求治病者，求指點拳術者，來者不拒。至庚子
夏，已成門庭若市、戶限為穿之勢，授拳及治病時間愈延
愈長，拳期之日，自晨迄暮無食無休。以功夫治病，尤傷
元氣；一身之有盡，眾需之無窮，其難持久之理甚明。或
苦練節勞，師不之聽，自謂必以平等對待眾生，不可妄生
差別。終至不支，時正為人治病，猶強自伏幾假寐，及眾
散，始臥床休息。從此不再接見賓客。

　　初雖偏癱，始終神智清明，自運功調息，旬日即能起
坐，並扶持繞室而行。予以弟子服其勞之義，居師舍，與
亶兄（師次子）共事之。師拒入醫院，亦不服藥。有吳姓

弟子，業針灸，求為師治，師不忍拂其意，聽其間來扎針。家人皆信其功力可以自癒，理療之事任師自主，不之強也，唯阻客入，裨利靜養。

如是半年。忽因腹瀉，不食竟日，子弟仍以微恙，未深介意，至夕，予及亶兄侍，見師側身以右手支頤，亶兄問：「是否欲嘔吐？」師搖首曰：「不是要吐。」言訖合目。初亦未覺有異也，似假寐狀。再審視之，其另一手置腰腹間，雙足交疊，與臥佛涅槃之相絲毫不爽；急探其鼻，息已無存矣。

其未病之前，客有葛某者，精於堪輿，所言每驗，人皆視之為神，面告師聽隅八側桌位置剋主人，宜移，師不為所動，言之再三，師曰：「大地山河，吉凶禍福，全在我之一心，此桌搬得出我心否？」未幾果病，或又提遷桌之議，師不許，喟然曰：「君子直而行，不問吉凶禍福可也。」

師又常曰：「死生如晝夜耳，如呼吸耳。」故其謝世也，雖從容自主，有所先知，迄無遺囑及於私事，既無依戀牽扯之語，亦無故作曠達之言。

■ 板車載棺　步行送葬

斯時也，大陸各城市已一律實行火葬，師則仍入棺成殮，葬於滬之近郊公墓。子姪門徒，皆有心有力之人，運棺不需卡車，挖土不仗工人，自以木板車載棺，步行一夜，推挽至墓地，更自行下穴，負土成墳。

師逝之際，予曾撰輓聯，心祭而已，聊云：

　　道從格致修齊中來，唸唸在利人濟物，此日圓成證聖
果；

　　功必身心意志上用，時時蒙提耳呼名，當年絳帳哭春
風！

　　師母為中央大學高材生，詩文曲賦，造詣皆高，而才
氣不露，未嘗見其舞文弄墨也，悉心持家及修佛，溫厚慈
祥，母視諸生，遲師十年謝世。

　　師長子旬，業電子工程，然多才多藝，不唯文章拳術
秉承家傳，尤擅胡琴，得王瑞芝激賞，盡授其技。次子
亶，原為電機工程師，後辭歸事父，專心繼承衣缽，明體
善用，與中西各式拳家較量，未遇敵手。女鈞，適姜氏。
侄敦，師叔之子，師視如己出，親授拳術。門人之傑出
者，有顧梅聖、謝榮康等，皆自震旦時期即從學，數十年
不輟。女弟子陳樂，陳冷血先生千金也，亦深得三昧，師
至各府教拳，即挈任助教。

■ 師訓點滴　寫成語錄

　　方予涵泳師教之時，唯知服膺點撥，未思當即筆記，
以為可久在沂上，循步直前耳。豈料一旦永隔，舞雩難
再。

　　遂自師仙逝後，追憶點滴師訓，陸續寫成「語錄」。
奈何記憶力弱，不能鉅細無遺，但力存原詞，不敢枝蔓。
更期海內外之曾從師遊者，賜補珠玉，既志師恩，亦嘉後
學。故附於文後。

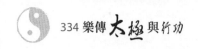

乙丑二月，門弟子王亦令恭撰。

寧為泥土，不作鑽石

乙未閏月丙子，樂子授拳於堂，亦令初謁，問：「下愚如我亦可習此乎？」曰：「人人皆可為堯舜，何況練拳。」又問：「常聞人云，練拳者不許喜怒哀樂，有諸？」曰：「那成為槁木了，不成其為人。」曰：「然則發脾氣傷身體否？」曰：「當亦視其為何而發耳。叉麻將輸了錢而急，固是發脾氣，文王一怒而天下安，也是發脾氣。」

樂子曰：「大道若夷，矯奇詭譎、不合情理者必非正道。平易近人，平正通達，雖不中不遠矣。」亦令問曰：「是否大道僅一條，兩旁支徑百出，皆旁門左道，而所謂旁門左道，有程度不同，前進道上一涉支徑即入旁門。如此理解對否？」

曰：「對，只要自己感覺前面路很長，學程尚無止境，這證明你在大道上；一旦感覺自己登峰造極，已經到頂，那說明已入了小路，肯定是旁門左道。」

弟子有好怪羨奇而慕佛法神通者，老師必反覆叮嚀：「心外求法都是外道。」又曰：「學佛須多看經，先要明教理，然後才不會被外道所誘，切記切記。」

樂子曰：「要辨別起心動念是為人還是為己，一念為己就是不對，此亦是辨正邪的尺度。」

樂子曰：「吾所慕者大地之氣象，負載得起一切，任人踐踏，承受了污穢反而化生萬物，是以王太師母嘗云：『寧為泥土，不為金剛鑽』，這是多大氣象！」

直道而行，不問吉凶

　　或問卜卦算命之事，樂子曰：「易理是天人究竟之事，要明理，不要迷信。文王拘於羑里，未聞他卜卦算命，聞其撫琴，以平心而已，反求諸己曰：『天王聖明，臣罪當誅』，是以否盡轉泰而紓釋之也。若其不求諸己而稍有不遜之意，則雖求神問卜，恐不免族滅之禍也。孔子困於陳蔡，也不曾聽說有卜卦之事。」

　　樂子曰：「理上悟不如事上悟。人逢大病，大困苦，都是明理的機會，這時便可驗知平日所學是否得力。」

留給子女只是拳術

　　樂子曰：「練拳要義，第一在於找勁。」又謂：拳練得對或不對，應由自己親身感覺來驗證。有四字訣「鬆、正、長、圓」，但須四字同時感覺到；僅感覺到其中之一、之二或者其中之三，皆不對。

　　樂子曰：「自維新西學而後，不讀古書，生活習慣也有變化，沙發代替木椅，席夢思代替硬床，因此許多抽象概念今人已迥異古人，而猶執今之見以附會拳經古意，實在危險。即如一般人喜談『鬆』字，其實未必真能領會此字真義，所以練成現在『公園太極』的樣子。須知『鬆』絕對不是 Relax。還有人抱球而練，自以為是虛領頂勁，其實是在造成高血壓。」

　　樂子曰：「太極拳就是勁大，無堅不摧，前面一座山也推得倒。」

　　樂子曰：「前人訓育幼童，必須練字，其意義不僅在於書法，重要的是啟迪化導幼童的心靈，使之凝重詳定，

所以必須習小楷，從一筆不得苟且之中養成嚴肅認真的習慣；復次，更因習字首先必須坐得挺直，通體端正，則更寓有勤健之意。」

亦令問曰：「讀『傳習錄』。見陽明先生在訓蒙大意中言及教童子習禮，非徒為威儀，蓋於揖讓拜起之中有動盪血脈之深意在焉。近世教育崇洋，端坐吟哦已廢，古禮亦盡廢。而又無恰當健身之道以代之，甚且坐沙發，睡席夢思，以故筋骨懶散，大多未老先衰。」樂子曰：「不錯。我對子女，沒有什麼可以遺留，唯拳而已，亦所以強身為本也。」

挺腰正胸，器宇軒昂

樂子曰：「對兒童切勿惡聲相向，有過亦善喻之。粗暴或恫嚇，反易養成其壞脾氣。」

常訓其子：「你怎麼老是懶懶散散？」子曰：「我想鬆。」曰：「鬆不是懶散之謂。」

李君侍宴，目睹侍役上大湯，近席不慎失手傾灑，樂子左右諸客身皆淋漓，獨樂子早已泰然側立，座客皆不知其何時及如何起身轉避也。

樂子飼鳥，李君侍側閒話，正張籠餵食，身後一貓，敏捷無聲，竄撲向籠，李君驚喊不及，而樂子一手上伸，恰握住貓之後腿，怡然若無事。又一次，樂子餵八哥鳥，手向前送食，而回首與李君語，八哥張口欲咬樂子手指，李君亦驚喊不及，樂子手已縮回，微哂，其感覺靈敏如此。

樂子曰：「練拳要挺腰，走路也要挺腰。隨時都要挺

腰正胸，器宇軒昂。」每戒弟子勿坐沙發，應坐硬板凳，挺腰中正。尤戒勿疊腿而坐，謂疊腿而坐最傷腰。

嚴戒吸菸，禁食蟹，忌冷飲。

亦令問持戒。樂子曰：「非禮勿視，非禮勿聽，非禮勿言，非禮勿動。能全做到，就夠了。」亦令未達，又問：「然則欲學佛，持何戒？」樂子曰：「菩薩以不擾一有情為戒。」

每令子弟讀「傳習錄」及「二程語錄。」

或問太極拳始自何時，樂子曰：「自有堯舜禹湯文武周公，就有此拳之勁。」

或問拳經以何為好？樂子必令讀「孟子」之養氣篇，曰：「盡在是矣。」

樂子圓寂前若干日，喟然嘆曰：「我常囑徒弟們自習四書，但一直未見有人來質疑問難，大概是都懂了吧。」

樂子曰：「吾少習孔孟之學，長而讀釋典。於是知不通三藏，無以徹曉儒學。」

樂子曰：「不通三藏，不能詳析孔孟學問，因為詞類不夠。」又曰：「異日定將寫一部東方哲學的書，借用佛教詞類來闡述儒學。」

樂子曰：「為學當驗證於心，訓詁之學也很重要，固其次也，朱子晚年大悔中年著述之誤，並且遍告眾人。這也真是了不起，以朱子當時地位，肯毅然不諱己過，這需要多大決心，多大力量，真了不起。」

某友疾危，樂子治之，轉危為安，勸其修心靜養，問何以修心，令讀佛典。異日友復來，云，已詳研佛典矣，並謂已考證出唐僧何歲離國，何歲返京，何歲圓寂，並對

照「心經」的各種中英文本。樂子默然，友出，嘆曰：
「異乎吾勸其讀經之本意也。」

常告某友養病之道以息慮為上，問：「如何能息慮，
是不是勿多勞，勿操心之謂？如是這樣，則擬購一架收音
機到家來。」

樂子曰：「不是這樣。耳不聽聲，目不迷色，心無所
亂，慢慢你會收到耳大聰、眼大明、心大靈之功效。」

樂子曰：「學而不反求諸心，孜孜於考據，鑽冷門以
炫世，誠如荀子所謂『不知，無害為君子，知之，無損為
小人。』」

王亦令

後記一

　　時光如電，轉眼 10 年過去了。

　　10 年來，始終對老師有一種慚愧和歉疚感。隱約記得早在 20 世紀 80 年代後期，樂公曾將太老師（樂幻智先生）和他弟弟（樂宣先生）的一些手稿交給我，一方面是讓我學習，另一方面也是暗示，希望我跟隨他一起整理樂家的太極拳。可惜那時的我十分愚鈍，只是認真地將手稿抄錄在冊。此後十多年裡一直把老師的每篇文章和每張紙都用一個專門的大信封收藏起來，計劃留著有時間時再好好練拳，認真地去學習研究。

　　由於多年沒有好好練拳，2005 年伊始，感覺空閒下來了，打算跟小馬倆人先找找拳，恢復恢復。過了一年多，剛剛覺得可以向老師匯報，準備進一步深入學習，然而世事無常，豈料樂公就走了，走得是那麼突然，走得是那麼悄然無聲和安詳，也可能是他感覺後面的事已經有了安排和交代。

　　6 年前，我和小馬將眾多手稿翻出來初步整理成冊，供少部分有緣的學生學習。數年來，在反覆研習和教學中深感其中之奧妙和內在的價值，我認為實在有必要將樂公以其一生體悟對太極拳做出的貢獻公之於世，恩濟眾生。故計劃在紀念樂公逝世 10 週年之際問世出版，也算是完成一份向老師匯報的作業。

　　要說和樂公的緣分回想起來也是很難得的。1980 年我由哈工大考入北京郵電學院讀研究生，研究的專業方向

是電視圖像處理。

1983 年年初準備論文答辯，導師張家謀請了 3 位校外的專家學者：時任廣播電影電視部的總工程師章之儉、北京廣播學院的第一任院長常振錚和電子部第三研究所（電視電聲研究所）的總工程師樂甸，3 位老先生均是當年業界的頂級權威。這份緣起讓我較早地和當年全國廣播電視領域的權威專家學者有了學習和交流的機會。雖然，我並未因這一緣起被分配到樂公所在的研究所，他也未曾因此而在工作上給我什麼特別的關照，但是他卻成為我一生中影響最大最深的老師，他的教誨和指導讓我受用一生。其實我已回想不起，當年是如何開始和他親近的了，似乎他原本就在我的生活之中，未曾離開過。

到「三所」後不久，不知為什麼他便知我練過拳，後來我覺得可能是因為我平時身體的「掛相」（不少練拳和練摔跤的人往往會因練功的關係，流露出的動作習慣和肢體語言）。記得他多次描述過我走路的姿態，其實也都是在指點暗示我要收住、管住自己的身體。

20 世紀 80 年代中後期，樂公在研究所裡漸漸形成了一個太極拳的學習訓練小組。他的教學傳授方法與傳統武術界不同，也沒有完全固定的模式，可以說很隨意，卻又是始終如一的。記得最早開始練拳的地方是在總工辦和圖書館的資料室，雖然只有三五個人，但已經占滿了狹小的空間，每次均由他領著練一小段。

起初我不明白為什麼總是記不住每個動作的軌跡和方向——我是從小練拳的，記拳對我來說應該不難，後來我體會到樂公練拳是周身在動，四肢始終沒有什麼明顯的動

作特徵和定位。我經常和學生們講，學生首先學到的往往是老師的「毛病」。

　　樂公卻很難被你捕捉到什麼毛病和特徵，所以初習時，我很難記住整個拳路。當初為了便於記憶，我還曾特意整理畫了一張「李傳太極拳走架步位圖」。

　　樂公授拳其實並不全在課堂中，更多的是在生活中。譬如，關於太極樁，他會時時按照太極樁的要求為周邊每個人糾正身上的姿勢習慣，講述其中的概念和道理。他要求每個人管住自己的身體，時常提示大家走路和上下樓時，腳要提著，而不是像砸夯。

　　科研樓有兩個樓梯位於樓道兩側，他還會定義出一個「男梯」和一個「女梯」，他每次都是從左邊的男樓梯左旋而上，右旋而下，從不走樓道右邊的「女」樓梯，以致於他在練拳的動作中也會指出男女動作之別的細微之處。他會把練拳中的陰陽之道融於生活中的行止坐臥中，其晚年之作《走路體驗足泵》，便是從人體最基本的動作走路

1990 年夏，馬若愚與樂匋在白雲觀合影

入手，談人體動作的陰陽虛實與相濟，讓人深感大道至簡皆融於無形之中。

樂公較正式的課堂在只有不足 20 平方米的總工辦和資料室。20 世紀 80 年代中後期研究所把幾位退休的總工和副總們安排在了這間房內，雖然無須坐班，但樂公還是給自己定了一個不成文的規矩：週一、週三、週五中午前騎車必到。近 20 公里的路程風雨無阻，不為退休返聘之事，只為不忘小課堂的授課。

他每次會在小黑板上寫下一兩條當日練拳授課之要點，為了便於大家理解，時而也會從不同的角度去講述，更多的則是在平常生活與工作中糾正我們身體不合理的動作習慣和姿勢。

回思與樂公朝夕相處的 25 載，我可能是除去在京家人外，跟隨樂公時間最長和最多的，但是我並不是一個好學生，說來也深感慚愧，往往相處太近，便會怠慢和不那麼珍惜身邊的那份緣。

早在 20 世紀 80 年代中期，樂公帶我到上海茂名路的老宅看望他的叔叔，並要我在三樓的小客廳中練拳給他叔叔看，廳中掛著太老師的照片。後來才知道，這是當年太老師在家中練拳教拳的地方。樂公的叔叔早年是練少林拳的，功夫很好。我第一次從他口中得知，因為練太極拳太苦，要比練少林拳還吃功夫，所以他不肯練太極。

這是我第一次聽說，並不理解為什麼練太極要比練少林拳更苦。樂公看上去跟他的父親和兄弟樂宣先生以及 3 個兒子都不太一樣，身材始終顯得比較瘦弱，外表完全看不出是一個習武之人，然而他的動作一直十分輕盈，假如

從你身旁走過，猶如輕風拂面而去。

　　我後來發現他的筋骨特別好，70 多歲打拳時依然下椿下得很低，飄落彈起十分輕鬆瀟灑，自如無礙。和他推手更是猶如與一團空氣在推，無論幅度多大，高低起伏，完全觸摸不到身之實體所在。讓人真正體驗到，他所說的「不求勝人，但求勝己，不求無敵，但求無妨」絕不是一句空話。他身體力行地詮釋著「人不知我，我獨知人」等每一個拳理的核心內容。

　　他講述拳理時並不是直接做動作演示，而是事後讓你在平時的生活裡或從他的一舉一動中自己去體悟。他從來也不說他教了我什麼，每講一個動作要領，總是用鼓勵的方式講，「這個是『老闆』①原本就會，原來就有的」，或者說「那是吳斌樓（1898—1977 年，傳授戳腳翻子拳的師父）先生當年教的」。

　　其實，我習拳至今很多最根本的東西都是他誨人於無形之中，反覆引導調動和激發出來的。跟隨老師時間最多的小馬經歷的故事和感受更是說之不盡。

　　樂公的教學形式和內容均無固定的模式，他會應學生提出的問題，或發生的事情即興講解或在下堂課中隨時調整。他很少從正面做直接的解釋，而是藉助某件事例去引導，讓當事人自己去體悟。練拳如此，修行更是如此。

　　儘管樂公的父親曾經在上海灘武林和政商各界是聲名顯赫的傳奇人物，但是他很少提及樂老先生早年的傳奇經

---

① 老闆：樂旬給鍾海明起的代號，因為鍾海明時任研究室主任。

歷。只是到 20 世紀 90 年代後期發現有一篇身在美國的當年弟子王亦令先生於 20 世紀 80 年代寫的關於樂公父親的文章後，大家才開始有所瞭解。當時也未見眾人有過於驚奇之狀，可能也是受樂公多年言傳身教之影響，少了許多獵奇之心吧。從近些年一些公開出版的書中，卻發現時有提及當年的往事。[②]

樂公在其父及諸多先賢基礎上融通八卦、五行理論，把心口相傳的心法實際化，把有些難以把握的規矩文字化，使得初習樂傳太極者可以腳踏實地地逐步而進，一步有一步的感受。這一點在閱讀樂匋先生的文字時要切記，這些文字更像一種「旅遊說明」，初看不大懂才對，走到那個風景的位置自然就會看到那個風景的，不到那個位置怎麼「懂」那個風景？

樂公在其《人體陰陽相濟》一文中，便以清乾隆年間昆明寒士孫髯為大觀樓所撰一百八十字長聯的上下聯結句作為開場白。

莫辜負：四圍香稻，萬頃晴沙，九夏芙蓉，三春楊柳。

只贏得：幾杵疏鐘，半江漁火，兩行秋雁，一枕清霜。

以此形象而生動地描述和比喻了在修練太極拳時意境

---

② 在胡因夢的《生命的不可思議》和現代著名篆刻家陳巨來的《安持人物瑣憶》中均有部分篇章專門是關於樂幻智先生的記載。

1992 年 9 月吳斌樓先生的 3 位弟子與樂匋參加鍾海明主持的科技成果新聞發佈會，在人民大會堂合影，左起：洪志田、張大為、樂匋、鍾海明

之中的獨特風景線，如果修練不到此意境，又如何體悟和感受其中之奧妙呢？

樂公從不刻意談論和傳授技擊之法，卻喜歡看中央電視台每週末轉播的國際拳擊賽，聊天中也會分析點評拳賽和拳手。他經常講述的一些拳理，儘是實戰之精華。例如「拳打三不知（指你、我、他三不知）」「莫名其妙的一拳」，講述實戰中人體無意識的本能的反應。時常提及「只要喉頭永不拋，問盡天下英豪」，一語道破實戰中守住中線原理的技擊之道和重要性。而且講究和要求習拳之人不僅僅要在練拳中，而且要在平常也時時守住那樣一種狀態。

他十分強調練拳就是要把身體上的各種問題和毛病找

2000 年 1 月 16 日馬若愚之子週歲眾人合影

出來，逐漸調整改掉這些毛病和習性。他不做空洞的說教，總是用形象的比喻讓人體會其中的道理，生起敬畏之心。

他將佛家思想觀念融於習拳之中，強調練拳「以『修聖賢、證大道』為目的，故所傳諸法以心法為第一，身法第二，練法第三」。自練拳起「每練前默願要打掉眾生一切黑業」，強調起心動念，只要一念為己就是不對。

在日常學拳的人中，我們倆是有一些練拳基礎的，但他始終是一視同仁，不會刻意給我們單獨上課，不給你開小灶、套近乎私下學功夫的念頭和機會，以此去除你的分別心。他平日對眾人也是一視同仁，毫無分別心，無論老少年幼均是如此，時時事事照應著周邊的每一個人，他從

司機班的每個司機到管工均稱兄道弟，毫無高低貴賤之分。70 多歲依然每日從北醫三院騎車到「三所」路程近 20 公里，途必買上兩大包黃瓜和番茄，到單位洗了分給大家，風雨無阻，在大家的習以為常中修行。

他每月還要騎車數十里去豐台和牛街為做琴的許師傅和幾位老友理髮。

回想 2007 年中，樂公示寂，體力很弱，但動作卻愈加合理。他曾說：「我身上要是有一點不對，就只能躺床上。」棄後天體能而獨運先天，以求二十四時全體合道，乃「從心所欲不踰矩」的實修體現。公圓寂第三日火化時，我撫摸其體，依然通體柔軟如初，無不印證其修行之境界。

10 年過去了，但是太多的往事依然歷歷在目……

出版此書已經籌備醞釀了兩三年，今年初正式提出此事，首先得到了老師兩位公子樂莊和樂正師兄的認可與大力支持。正如莊兄所言：結緣，是本書結集出版的緣起，不為發揚光大。任何一種法門的形成、發展、消亡都是因緣，個人的願望能力只構成整個眾生本人功德力、眾生法界力的一部分。緣聚而起，緣消則散，一切隨緣。

在整理老師照片時，找到了一組樂公年輕時練拳的老照片，十分難得。由於 20 世紀六七十年代是一個動亂的年代，照片品質很差，保存也不好，又專門請人逐張做了修復處理。這組照片十分珍貴，因為樂公一生總是在不斷研習中提升，往往感到「今是而昨非」，故而一直不肯拍照和留視頻。

當 2003 年第一次看到董英傑先生的練拳影片時，他

十分高興，欣然寫下一篇《恭仰董太老師拳像記》。解讀之深刻，也不是每個練拳人都能看懂和讀懂的。這組年輕時的拳照，正符合樂幻智先生要求的「年輕時的拳一定要打得的角四方」。

此次整理書稿，為了便於大家理解中華文化是由術而藝、由藝而入道的道理，我們增加了「拳琴合一」部分，從先生的諸多琴著中精選了數篇與拳相關的論著，這樣有助於拳琴之間的相互借鑑，以及肢體語言中核心理念的理解。同時也十分感謝林瑞平師兄專門為該部分作序，以助大家瞭解整體背景。

此外還有多篇琴技與製琴方面的著作考慮到過於專業，就未再收入本書。

在本書編整過程中承蒙樂莊、樂正和林瑞平 3 位師兄的鼎力相助，他們提供的部分文稿資料和照片用處也很大。特別是邀請到好友、當今武學和國學大家許福同先生在百忙中為本書作序，並題寫書名，特在此一併表示最誠摯的謝意。

同時對在書稿編整中參與文稿整理、錄入及照片處理的宋曉娟、范辛堯、喻琳超和呂河昆等也深表感謝。

鍾海明　馬若愚

後記二

　　剛剛將書稿發給出版社，就接到了遠在美國的王敬之（亦令）先生的電子郵件，告知他近期回國探親，住在深圳的兒子家。得知這一消息後，我十分高興，隨即與王老通了電話，訂了赴深圳的機票，登門拜訪。因為他是當年跟隨樂幻智先生學拳，最後一直陪伴在樂老師身邊、唯一健在的弟子了。

　　王老今年已有 85 歲高齡，卻是性格爽朗，體格康健。談起當年跟隨樂老先生學拳練拳的情景他依然是十分興奮，歷歷在目。

　　「直到 20 世紀 50 年代，每日來茂名路樂老師家中看病和學拳的人始終是絡繹不絕，無分高低貴賤，不打針不吃藥，來者不拒，真可謂是慈悲為懷，普度眾生。這也是樂老師當年長期過度勞累而致早逝的原因。」

　　談到樂老師當年授拳形式和內容，不免要問起外界盛傳樂老師的「凌空勁」。王老非常認真地說：「樂老師非常反對講什麼『凌空勁』，很反感。只是在每日練拳上課結束之前，給每個人找找勁兒，鬆鬆筋骨，跳一跳，如同遊戲。」

　　我問：「接這種勁兒，有什麼感覺？或者有不舒服嗎？」王老稱：「沒有任何感覺和不適，只是不由自主地跳跳。而且每個人的狀態是不同的。其中一位顧師兄跳得頭會撞到天花板上去，撞出一個印記，留了多年。」

　　另外一件讓人感慨的事，王老講道：「有一次樂老師

給一個功夫不錯的師兄上課說手。眼看著樂老師莫名其妙
地突然身體像一個元寶一樣團起向後跌了出去，隨即又翻
身躍起，笑眯眯地說，『是老師輸了』。再看那位師兄臉
色煞白，愧疚不已，原來是他動了真勁兒。此後數天未能
露面，似乎是去調養身體了。事後他才十分內疚地透露
出，若不是老師自己摔倒，只怕是他的這條命休矣。由此
可以看出，樂老師寧可自己摔倒失面子，也不肯傷及學生
的大德慈悲之心。」

　　談到樂幻智老師走後，則由樂奐主要對外傳授時，王
老一直心存感激。因為樂匋與樂奐兩位師兄均與他有較深
入的交流。王老說：「奐兄從內心一直對其兄，匋兄的功夫
和為人十分敬佩，稱匋兄的拳『氣魄（派）大』（上海話同
音有兩個字，在此均有相近之意）！」

　　王老因早在 1979 年就離開上海，到了美國，擔心樂
老師生前常教導的「練拳要小心走樣」，於是拍了一組自
己練拳的照片，請各位師兄給予指點。王老講，令人十分
感動的是，「匋兄拿到照片不是籠統地點評一番，而是在

王亦令（左）與
鍾海明

每張照片後詳細指出其中之重點和問題」，讓其受益匪淺。

　　由於如今十分難得遇到當年曾經跟隨樂幻智老師練拳、親受過指點的前輩，我這次不免要請教練拳的一些問題。在談到練拳下樁的問題時，得知當年樂老師的要求是因人而異的，並不求刻意下樁，其原則就是一定要挺腰，才可下樁。但是，樂老師當年下樁打拳可以下到後腳跟打到屁股蛋又彈起，在打蠟地板上穿皮拖鞋打拳，鍛鍊自己打拳時腳下不借摩擦力來發力的功夫。

　　三四個小時的時間，瞬間而過，感到收穫不少。臨走時我送上前些年我和小馬整理的《樂傳太極手稿》，王老看到樂幻智老師的手稿原跡，顯得異常激動，如獲至寶。雖然已耄耋之年，他依然每日練拳不輟，真是難得。

鍾海明

2017 年 7 月 9 日於深圳機場

國家圖書館出版品預行編目資料

樂傳太極與行功 / 樂匋原著；鍾海明、馬若愚編著.
——初版——臺北市，大展，2020 [民 109.05]
面；21公分—（武術特輯；162）
ISBN　978-986-346-295-8（平裝）
1.太極拳
528.972　　　　　　　　　　　　　109002977

樂傳太極與行功

原　　著/樂　　匋
編　　著/鍾海明、馬若愚
責任編輯/苑 博 洋
發 行 人/蔡 森 明
出 版 者/大展出版社有限公司
社　　址/臺北市北投區（石牌）致遠一路 2 段 12 巷 1 號
電　　話/（02）28236031，28236033，28233123
傳　　真/（02）28272069
郵政劃撥/01669551
網　　址/www.dah-jaan.com.tw
E-mail/service@dah-jaan.com.tw
登 記 證/局版臺業字第 2171 號
承 印 者/傳興印刷有限公司
裝　　訂/佳昇興業有限公司
排 版 者/菩薩蠻數位文化有限公司
授 權 者/北京科學技術出版社
初版 1 刷/2020 年（民 109）5 月　　　　　定價/420元

大展好書　好書大展
品嘗好書　冠群可期